# こんな子育ていいな！

## ―先人の思想と日常の実践例に学ぶ

石橋哲成　著

一藝社

# はじめに

社会生活を送る中で、「あなたの出身大学はどこですか?」と問われることはあっても、「あなたの出身幼稚園はどこですか?」あるいは「出身小学校はどこですか?」と問われることは滅多にないように思います。つまり一般的に、人はある人間を見る場合、最終学歴は問題にしても、最初学歴を問題にすることは少ないようです。しかし、その人の人間形成を考える場合、最終学歴と最初学歴とでは、どちらがより重要な意味を持つものでしょうか?

それはやはり、初期の教育、最初学歴だと言えましょう。家庭における母親と子どもとの関わり、幼稚園や小学校に通っている間の幼稚園教諭・小学校教諭と子どもとの関わりは、その子の生涯にわたる人間形成の基盤をつくるうえで、とても重要なものです。乳幼児期、児童期は、目に見える基礎能力のみでなく、集中力や忍耐力、あるいは自尊心や思いやりの心など、数値では表わせない能力（非認知能力）を形成するうえで、重要な時期となります。そういう根っこや基幹の教育がきちんと出来てこそ、その後の中等教育や高等教育もその上にしっかり築けるのです。

さらに重要なことは、同じ素材を用いての「物づくり」と違って、人間形成は、目の前に生まれ出た子どもが、それぞれ違った素質、才能を有しているということです。物づくりの場合は素材が同じですから、一度良い製品が出来れば、同じ品質のものを沢山作れるし、それを改良して次から次へとより良い製品を作ることが出来ます。きちんとしたマニュアルが出来れば、次からはそのマニュアル通りに進めて行くことが出来るわけです。しかし「人づくり」の場合は、そのような具合にはいかないのです。ここに子育ての「難しさ」もあるのです。

ある子どもにはうまくいった「子育て」の仕方であっても、別の子どもの場合には、うまくいかないことが多々あります。ここに、先人たちの思索や体験から生まれた教育思想に耳を傾ける意味もありますし、いろいろな身の回りに存在する実例をみて、どうすることがよいのか、個々の特殊性をかんがみて考えてみることも必要になってきます。子育てに必要なのは、単なるマニュアル的な一般論としての「子育ての知識」ではなく、先人たちの思索や体験から生まれた教育思想や実際にあった教育例を、自分なりに消化して身に付けた「子育ての知恵」だと思います。この子育ての知恵をもってこそ、自らの子育てにあたる場合も自信をもって立ち向かえるのではないかと思います。

この本に収めた教育に関する随想は、一九八〇年代の終わりから今日に至る長い期間の中で、私が依頼を受けて様々な雑誌に寄稿したり、自分のノートに自由に書き記したりしたものの中から、三〇篇を選び出したものです。その内容は、私が先人たちの書物で学んだことや、教育に関して日頃私が考えていることを、その時々の社会的出来事や個人的出来事とも関連させながら執筆したもので、最初から一つのテーマに絞って執筆したわけではありません。しかし、今あらためて読み返してみますと、絶えず私の頭の片隅に「育てるとは何か」、とりわけ「子育てとは何か」という問いがあったように思います。そして、人を育てるための心構えと実践のあり方を追求し続けていたように感じます。

依頼された原稿の量も、その時々によって違いました。よって、それぞれの教育随想は文章の長さが違います。この度、全体を読み返してみて文体を統一したほか、内容的にも一部手を加えましたが、大掛かりな書き直しはしませんでした。文章に長短があるのは、そのような理由によるものです。ご了解いただければと思います。

教育の対象である人間の本質は、時の流れの中でそう簡単に変わるものではありません。よって、「子育て」の基本も、時代が移っても変わらないものがあるように思います。だいぶ前に執筆したものを現在あらためて読み直してみても、私の中では古びた感じは受けませんし、今でも、その主張は通用するように思われます。

これら三〇篇の随想は、先にも触れましたように、長い期間にわたって執筆したものであり、ある随想に書かれていることが、また別の随想の中で繰り返されているという場合もあるかと思います。そんな時には、著者はこのことをそれだけ強調したかったのだな、という風にご理解いただけましたら幸いです。また、一冊の本にするに際して、読みやすくなるようにと、三〇篇の随想を三つのジャンルに一応分けてみましたが、厳密に分けているわけでもありません。これも併せてご了解願います。

それぞれ独立した随想として書いたものですので、どこから読んでいただいてもかまいません。拙い内容ではありますが、現在親として、また教師として、子どもたちを育てることに日夜励んでおられる方々の、「子育てのヒント」になり得れば嬉しく思います。
最後になりましたが、本書の出版を勧めて下さった谷田貝公昭先生、出版にあたり、いろいろとご配慮いただきました一藝社の菊池公男会長、ならびに小野道子社長には、この場を借りて心よりお礼申しあげます。

二〇一九年三月二九日

石橋哲成

# もくじ

## 第2部 子どもの才能を引き出すための知恵 65

## 第3部　子育てに励む母親、幼稚園・小学校教諭に期待されること　123

# 第1部

# 「子育て」に対する心構え

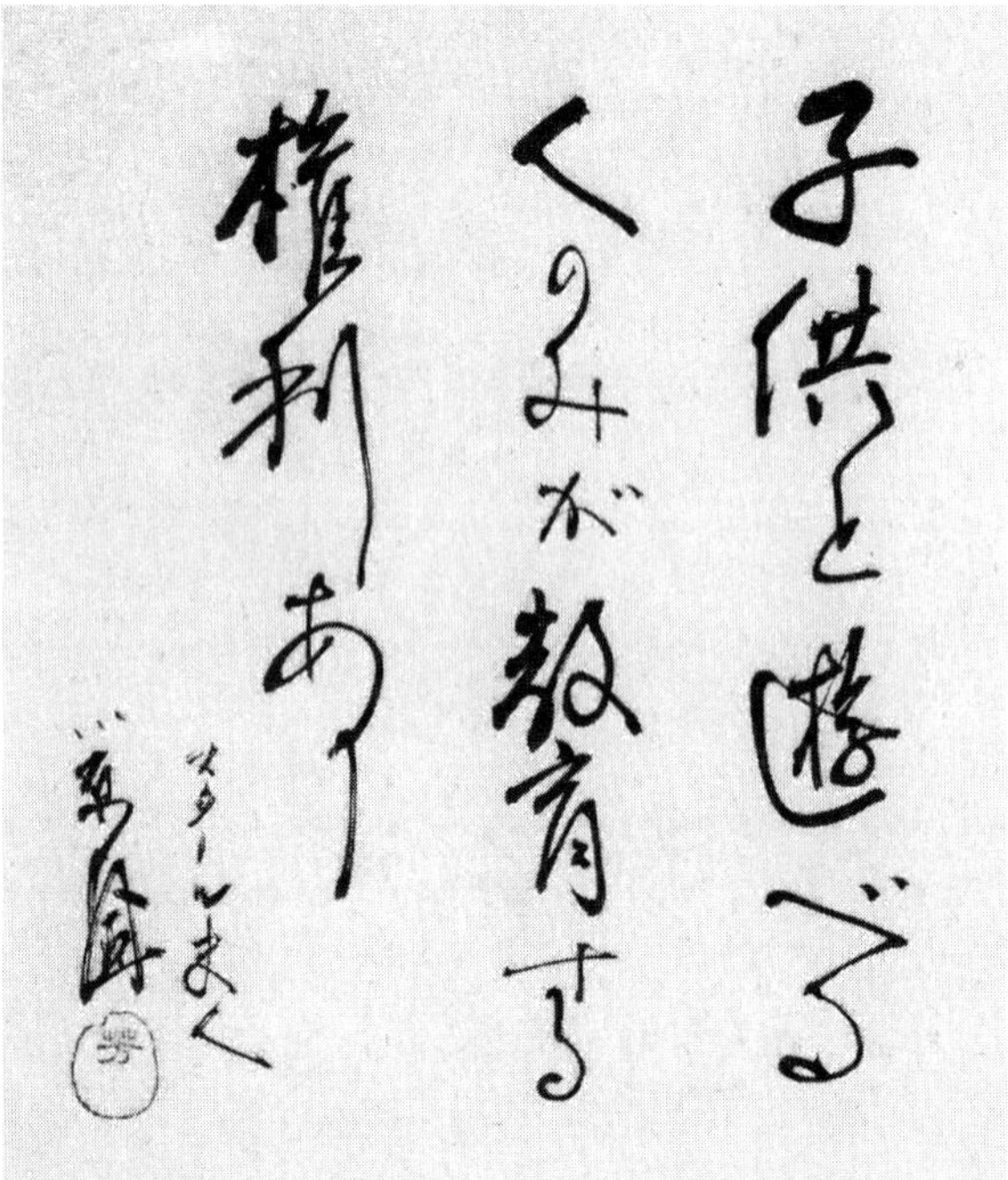
子供と遊べる
人のみが教育する
権利あり

# 1　「絶対的に愛され許された」という記憶

## ――子どもの健全な成長に必要なもの――

「ヤンキー母校に帰る」というテレビドラマが二〇〇三年に放映されましたので、「義家弘介」という名前をご存知の方も少なからずおられるかと思います。義家氏は母校で教鞭をとった後、横浜市教育委員会教育委員に就任され、現在は衆議院議員をされています。現在の義家弘介氏からはとても想像できないことですが、実は彼は若き日、〝札付きの不良少年〟でした。世間から嫌われ、家族からさえ厄介者扱いされた義家少年に、愛の手を差し伸べたのは北星学園余市高等学校であり、担任であった安達俊子先生でした。

安達先生を中心とする北星学園余市高校の先生方の愛と信頼と忍耐に支えられ、義家少年は何とか高校を卒業して、横浜にある大学に進学しました。だが大学四年生の時、彼は交通事故を起こしてしまいます。生死をさまよい、自暴自棄になっている時に、高校時代の恩師安達先生が病院に駆けつけ、義家少年に、「死なないで。あなたは私の夢だから！」と叫びます。安達先生のこの言葉と、愛に満ちた看病が、義家少年に生きる希望を取り戻させました。魂の覚醒は如何にして可能なのか、教育的な問題を含んでいますので、この辺の事情を少し詳しく見てみたいと思います。

交通事故後の状況と自らの心の動きについて、義家氏は後に、その著『不良少年の夢』（光文社、二〇〇三年）の中で、次のように書いています。主な箇所を引用してみることにします。「（安達）先生は、苦しむ私に涙を落としながら言った。『義家君、死んではだめ、死なないで。あなたは私の夢だから。だから死なないで・・・あなたは私の夢だから』と。横浜から遠く離れた北海道から駆けつけてくれた恩師の懐かしいぬくもりが私の体を包んだ」、そしてさらに「先生は枕元で、吐血する私の血を拭き、下血で汚れた私のオシメを替えた。激痛で意識を失い、そして再び激痛で現実に引き戻されても、目を開けるとそこに安達先生がいた。もう四年も前に卒業した、決していい子ではなかった孤独な不良少年。そんな私の事を、先生は『夢』だと言ってくれた。そんな私のために、大切な生徒を北海道に残し、駆けつけ涙してくれた。こんなに『生きたい』と思ったことはなかった。

こんなに『温かい』と思ったことはなかった。私はもはや孤独な不良少年ではなかった」、と。自分を無にして看病された安達先生の真心が、義家少年の心に届き、彼が生きる希望を取り戻していく様子が手に取るように伝わってきます。

それにしても、義家少年は何が原因で不良化したのでしょうか？　義家弘介氏は一九七一年三月、長野市の旧家の長男として誕生しています。生まれて間もなく両親が離婚。父が再婚して、そこに腹違いの弟が生まれました。この辺はよく聞くパターンです。しかし彼にとって一番不幸だったのは、「成長する時になくてはならない大切なものを欠落させたまま幼児期を送ってしまった」ということでした。「大切なもの」とは、彼によれば「親という存在に『絶対的に愛され許された』という記憶」です。一般にはこの記憶が、社会の荒波の中に投げ出されても、その人の中で、さらに力強くその荒波に「立ち向かう勇気の土台」となるものです。しかし、この記憶を持たないままに成長していった義家少年は、結局はゆがんだ形で自分を表現していくことしか出来なかったのでした。

小学校時代、暴力でしか友人をつなぎとめることが出来なかった義家少年にとって、中学生になると、「簡単に人を威嚇することが出来る、いわゆる『不良ファッション』が、自分を表現する絶好の道具」となったのでした。オキシドールで髪を脱色し、変形の学生服を身にまとい、彼は田舎町を闊歩したといいます。やがて、家庭や学校や普通の暮しからはみ出てしまった仲間との関わりが増して、喧嘩、暴走、窃盗等が日常茶飯事になっていったようです。それでも何とか地元の公立高校へ進学出来ましたが、彼は高校生活に馴染むことが出来ず、夜の繁華街へと繰りだすようになり、ついには教師に暴力をふるい、退学させられたのでした。家庭に続き、学校という世界からも追放され、義家少年は完全に居場所を失ってしまったのです。そんな時に出会ったのが、先に触れた北星学園余市高等学校であり、担任の安達俊子先生だったのです。

義家少年によれば、それまで出会った先生たちは、いつも優しい変化球で彼の心に近づいて来ましたが、肝心なところで避けてしまうところがあったようです。その点、安達先生は、恐ろしくヘナチョコなものではありましたが、直球しか投げず、「ダメなものはダメ」、「イイものはイイ」という正論を、相手の顔色を伺うことなく、堂々と言える教師でありました。

掃除当番をサボった時にも、忍耐強く説得してやらせました。生徒が騒いでいようが、寝ていようが、淡々と授業を進めるような教師ではなく、生徒一人ひとりに向き合う教師だったのです。義家少年は安達先生のおかげで、「親という存在に『絶対的に愛され許された』という記憶」に代わるものを、手に入れることが出来たように思われます。

「不良化しても、最後の一線を越える前で、立ち直れる少年に共通することが幾つかある。その中の重要な一つは、自分の存在を認めてくれる人が居るということだ。たくさん居なくてもいい。ただ一人でいい！」という言葉を、私はかって警察の少年相談係の方から聞いたことがあります。転落の人生になりかけても、最後のところで、「こんなことまでしたら、母さんが悲しむだろうな！」、「こんな姿を見たら、父さんは嘆くに違いない！」、「これでは、○○先生に会わせる顔がない！」等々、自分の存在を認め、愛してくれた親や先生を思い出せる者は、ギリギリのところで人生を踏み外さないで留まるというのです。

「自分の存在が認められる」ということと、「絶対的に愛され許される」ということは、根っこのところで繋がっているように、私には思われます。そしてそれらは、人間が社会生活を送り、より成長して行くために必要であると改めて感じます。子どもにとっては、親の愛情が基本ではありますが、不幸にして親からの愛に恵まれなかった生徒に対しては、せめて教師が、その生徒の良き理解者になれたらいいな、と願うばかりです。

## 2　そもそも「愛」とは何かを考える

### ――三井浩教授の教えを手掛かりにして――

教育において「愛」が必要だ、ということを否定する人はいないと思います。しかし厄介なことに、「愛」というものは、人によって様々に解釈されているようです。そもそも「愛」とは何でしょうか？　特に、教育における「愛」とは何なのでしょうか？

今私の手元に、三井浩教授（一九〇五〜一九八〇）が執筆された『愛の場所―教育哲学序説―』（玉川大学出版部、一九七四年）という本があります。これはもともと三井教授の関西学院大学時代の「教育学概論」の講義ノートだったのですが、その後、玉川大学で教鞭をとられることになり、その機会に玉川大学出版部でこの本を刊行される際、書名を右記のようにされたのでした。三井教授はその本の中で、「共同体としての場所を成立せしめている原理を『愛』といってもよいであろう。なぜなら、『愛』とは絶対に分離し独立自由なるものの合一、自己同一性であるからである」と述べ、「タゴールが明言しているわけではないが、この意味するところを要約すれば、『愛は分離にして、同時に合一である』ということになる」と書かれています。

「愛は分離にして、同時に合一」というこの言葉の中に、愛とは何かを根本的に捉える鍵が潜んでいるように思えます。一般に「愛」の原型として考えられるのは、親と子の間に存する「愛」だと思われますが、親と子の間の愛と言っても、厳密に見れば、母親が子に示す愛と父親が子に示す愛とでは、様子が少し違うように思われます。約二八〇日間、胎児と一体となって過ごした母親にとっては、産まれた子どもはまさに自分の分身とも言える存在であり、子どもが「歯が痛い！」と言えば、自分の歯もうずくように感じるかもしれません。母の子どもに対する愛は、主観的、感性的なものになりがちなようですが、それも当然だと思われます。子どものためなら命を捨てることもいとわない、慈愛に満ちたものだといえます。しかし、主観的、感性的な愛は本能的なものを多く含み、猫っかわいがり的な、盲目的な愛になる危険性もはらんでいます。他方、父親だって子どものことを愛していないわけではありませんが、どちらかと言えば、愛すればこそ子どもの将来のことを冷静に考えることが多く、客観的で、理性的になる傾向が強くなるように思われます。その結果としては、厳しい態度に出ることも多くなり、母親の愛に比べれば、冷淡にさえ感じられるようです。

このように、母親と父親とでは「愛」の表現は違うのですが、どちらが本物の愛かなどと判定することは出来ません。しかも、母親の主観的で、感性的な愛の一面性を克服するのが、父親の客観的で、理性的な愛なのであり、母の愛も、父の愛も、ともに絶対的なものではないのです。だからこそ三井教授は、「母の主観的愛と父の客観的愛とが結合して、初めて真に愛の教育となることができる」とも言われるのです。優しさに満ちた愛だけでもなく、また反対に厳しい愛だけでもなく、これら二つの愛が織り合わされてこそ、子どもにとっては正に真の愛情となり、生き生きと成長していくための心の糧になるのです。

主観的、感性的な愛は、母と子の間の直線的につながる、いわば連続的な関係において成立する「合一」的な愛でありますが、客観的、理性的な愛は、父と子の間にあえて距離をとった、いわば非連続的な関係において成立する「分離」的な愛と言うことも出来るわけです。しかし、「男性」と言っても、そこには「女性性」が含まれており、「女性」と言っても、そこには「男性性」が含まれているのと同じように、母親の愛にも、主観的、感性的な要素が強いというだけで、客観的、理性的なものも含まれていますし、父親の愛にも、単に客観的、理性的な要素だけではなく、主観的、感性的なものも含んでいることは、言うまでもありません。

例えば、子どもが足の手術をした場合、手術後の痛みが激しく、足を動かすのを痛がれば、子どもに無理にリハビリをやらせなくてもいい、と思う気持ちは母親の方が大きいかもしれませんが、父親にだってその気持ちがないわけではないでしょう。他方、リハビリの開始を延ばせば、治療が長引き、最悪の場合、手術をした足の快復が難しくなる場合には、その子の将来を思い、子どもがどんなに苦しみ、嫌がったにしても、親はリハビリをさせるでしょう。それが父親であるか、母親であるかを問わず、どれもが親の子への愛だと思われます。

右の例でもお分かりいただけるように、母親の愛と父親の愛とは完全に異なるということではなく、愛には大きく二つの要素があって、どちらの要素が強いのかということの違いだけなのです。ですから、何らかの事情で片親が亡くなった場合は、残された親が両面の愛をもって子どもに接することが望ましいと思われます。学校では普通の場合、一人の教師がクラス担任として子どもたちの教育に関わるわけですので、一人の教師が両面の愛を有することが当然求められると思います。「慈愛」に満ちた教師でありながらも、同時に「厳格」な教師であることが望まれるのです。

## 3　教育における「愛」という名の「虐待」？

### ——モルトン・シャッツマンの著書に学ぶ——

親による子どもの虐待が後を絶ちません。最近も千葉県野田市において、小学生の女の子が実の父親に虐待を受けて命を失うという痛ましい事件がありました。また、福岡県春日市でも、小学生の男の子が、母親に足蹴りされたというニュースが流れました。実の親が我が子を何故に虐待するのか、多くの親にとっては理解し難いことです。しかも、その親に罪の意識がほとんどなく、「子を愛する」が故の「しつけ」の一環として結果的に「虐待」がなされたというような報道を聴くと、子どもへの「愛」は、どのようにして「虐待」へと転換してしまうものなのか、ということを考えずにいられません。

親による子どもへの虐待というニュースを耳にする度に、私はかって読んだ、モルトン・シャッツマン（Morton Schatzman）の『魂の殺害者─教育における愛という名の迫害』（草思社、一九七五年）を思い出します。シャッツマンは、ニューヨーク在住の精神科の医者であり、この原書も英語で書かれており、岸田秀氏によって日本語訳も出されました。原書名は、〝Soul Murder: Persecution in the Family〟（直訳すれば、「魂の殺害者─家庭における迫害」）で、一九七三年に刊行されています。私は、原書のそれを少し変えた見事な副題に感心し、「訳者あとがき」を丁寧に読んでみましたが、岸田さんは、「訳者あとがき」の中でも副題について直接には言及していませんでした。しかし、「父は息子を迫害するつもりで迫害したのではなく、息子を愛し、立派な人間に育てるつもりであった。本当に恐ろしいのは、子に対する親のあからさまな迫害、虐待、冷遇などではなくて、愛情、思いやり、献身といった名の迫害なのである。・・・」と述べており、このようなことから訳者は、副題を「家庭における迫害」、それも単なる迫害ではなく、「教育における愛という名の迫害」にされたように思われます。「教育における愛という名の虐待」と題すれば、まさに現在日本に起こっている「虐待」にもあてはまるようにも思われます。

では、一体この本の内容とは如何なるものなのでしょうか。これは作られた物語ではなく、実は一八〇〇年代のドイツにおいて、実際に起こった話です。この本の中に出てくる父親の名は、ダニエル・ゴットリープ・モーリッツ・シュレーバー博士（Dr. Daniel Gottlieb M. Schreber, 一八〇八－一八六一）と言い、内科医、整形医として活躍しただけではなく、有名な教育学者でもありました。一八冊の著作があったそうですが、その多くは子どもの教育法についてのものだったと言います。その子として育ったのが、ダニエル・パウル・シュレーバー（Daniel Paul Schreber, 一八四二－一九一一）でした。息子のシュレーバーは、成長してドイツの裁判官になるのですが、四二歳の時に発狂して精神障害者としての生活が始まり、それから二七年間の生涯のうちの一三年間を精神病院で過ごすことになり、そこで亡くなっています。

注目すべきは、この本の著者、シャッツマンによれば、息子のシュレーバーが「精神分裂病、気違いなどのレッテルをはられる理由となったその奇妙な経験のいくつかは、彼の父の特殊な教育法と結びついている可能性がある」ということです。この本によれば、シュレーバー博士は、「親たるものはきびしい規律によって子どもの自由を制限しなければならない」と考えていました。彼にとって、子どもを教育するとは、「子どもの生活の枝葉末節に至るまで、規則をおしつけること」であり、彼によれば、それは愛する子どもの道徳的、精神的（知的）、身体的健康のためでありました。さらに言えば、「必要なら体罰を使ってでも、子どもがふたたび完全に屈服するまで不服従を押しつぶす」ことを主張していたのでした。そして、彼は自らの子育てにおいて、この主張を実践したのでした。そのようにして育てられた息子は、見事親の期待通りに成長し、裁判官になったのですが、不幸にも四二歳の時に発狂してしまったわけです。

教育者でもあったシュレーバー博士の、その教育の根底にあった「子ども観」は、「子どもというものははじめから犯罪者あるいは悪人であり、そうでないとしても、時機を失しないうちに救い出さなければ確実にそうなってしまう」というものでした。このような子ども観は、シュレーバー博士がたまたま有していたのではなく、当時のヨーロッパのキリスト教社会においては、当たり前に通用していたものでした。中世の「人間は生まれながらに罪を有している」という、人間の「原罪」観に起因していたのです。

シュレーバー博士が活躍する少し前の時代に、スイス生まれの思想家、ルソー（Jean-Jacques Rousseau, 一七一二－一七七八）がその著『エミール』において、「万物の創り主の手を離れる時は、すべては善いものである・・・」と主張し、同じくスイス生まれの教育家、ペスタロッチー（Johann Heinrich Pestalozzi, 一七四六－一八二七）が、『シュタンツ便り』において「子どもは喜んで善に耳を傾ける・・・」と述べていますが、当時のドイツ社会に浸透していた子ども観は、キリスト教、とりわけカトリック教の原罪観に深く根ざすものだったわけです。

シャッツマンはこの書の最後の箇所で、当時のドイツの教育者の多くは、シュレーバー博士の子ども観、教育観に反対しようとしなかったことを書き留めたうえで、しかしながら、違った意見を主張した者もいたことはいた、と記しています。そしてその代表的な教育者として、「能動的、独裁的で厳格な、そして強制的に干渉するあらゆる教育と訓練に」反対し、子どもたちの才能を引き出すためには、育児は「指示的」ではなく、「受動的」であるべきことを主張して、世界で最初の「幼稚園」を開いたフリードリヒ・フレーベル(Friedrich Fröbel, 一七八二－一八五二)の名前を挙げています。「子どもへの愛」といくら言っても、「子どもは生まれながらにして悪であり、親が強引にでも正しい方へ導いてやらなければ、子どもは一人では善へは行けない」という親の独善的な考えから出発する限り、それは「愛」という名の「虐待」にしかならないようです。

日本の親の子どもに対する虐待は、キリスト教の原罪観に起因するものではなく、子どもが親の言うことを聞かないから「しつけ」の一環として「愛の鞭」を与えたとか、極端な場合は、親の方も精神的に未成熟なため育児放棄してしまった、というようなケースが多いようです。いずれにせよ、親が自分の子どもを丸ごと受け止め、子どもの中に人間としての「尊厳」を認め、子どもの有している「良さ」を見つけて、それを引き出すように努めるところにこそ、本当の意味での親の「子どもへの愛」が見い出せるのではないか、私はそのように思っています。

## 4 「信頼」が子どもの正しい発達を促す

### ——ボルノー教授を偲んで——

ドイツ教育学界の重鎮であり、玉川大学の名誉教授でもあったオットー・フリードリヒ・ボルノー教授（Prof. Dr. O.F.Bollnow, 一九〇三～一九九一）が亡くなったのは、一九九一年二月七日のことでした。

思い巡らせば、私がボルノー教授に初めてお目にかかったのは、一九六六年九月のことでした。その年の四月に、私は玉川大学文学部教育学科に入学しましたが、その秋、ボルノー教授は玉川学園に二度目の来園をされ、当時の小原國芳学長から「玉川大学名誉教授」の称号を贈られたのでした。その際教授は、教育学科の学生を対象として「教育人間学」についての連続講義をされました。先輩たちに交じって、一年生であった私も公開講義を拝聴しました。その時の講義の内容は、当時の私にはとても簡単に理解出来るものではありませんでしたが、私は、温厚な教授の人柄に魅せられました。

教育学科を卒業した私は、一年間小原國芳学長の随行秘書をつとめ、その後は大学院で勉強しながら、教育学科の副手、助手をつとめました。その間にも、ボルノー教授は幾度か来園され、教育学科の先生方と一緒に研究会を持たれたり、学生たちに講義をされたりしました。そんな状況の中で、私は個人的にも教授と接する機会に恵まれました。そして、願いが叶って、私は一九七七年の一〇月からドイツのテュービンゲン大学に留学することになり、ボルノー教授のもとで西洋教育思想史の研究をすることになりました。

テュービンゲン大学では、毎週木曜日の夕方、ボルノー教授の授業（コロキウム＝教授と学生との対話形式の授業）がありました。授業が終わった後は、必ずと言っていいくらい、教授と受講生たちは共にネッカー川のほとり、ヘルダーリン塔につながる「居酒屋」に繰り出しました。そこでは、ビールやワインを傾けながら教授と受講生との対話が続きました。授業中に理解しにくかったこと等、ここでゆっくり質問し直すことも出来、私にとっては有り難い時間でした。

また個人的には、ボルノー教授から度々ハガキを頂き、自宅へ招待を受け、奥様が入れて下さる紅茶をご馳走になりながら、日頃疑問に思っている研究上の質問をさせてもらったり、私の教育史紀行の相談にも乗って頂くことが出来ました。ある時、フレーベルについて細か過ぎる質問をしたところ、ゲッチンゲンのエリカ・ホフマン教授を訪ねるように紹介して下さいました。コメニウスの遺跡を巡ってみたいと言えば、ボッフム大学のシャーラー教授を紹介下さるなど、ボルノー教授の顔の広さにも驚かされました。ボルノー教授を通して、色々な大学の教授と知り合いになれたことも、ドイツ留学での大きな収穫でした。

これは、テュービンゲンで学ぶようになって、三年目の夏のことでした。九月に入ったある日のこと、ボルノー教授から電話をいただきました。教授の話によれば、原稿書きのため、夫妻でシュヴァルツバルトの別荘へ三週間ほど出かけるので、その間教授宅の留守番をして欲しいということでした。仕事は二つだけ、天気のいい日には各部屋の窓を開けて空気の入れ替えをすることと、鉢植えの植物に水をやることでした。そして、かつて息子さんが使っていたという部屋を私専用の部屋として与えてくださいました。教授の書斎も、居間も、台所も自由に使ってくれていいと言われ、教授夫妻の寝室以外の鍵を全て手渡されました。ボルノー教授の授業（コロキウム）に出席するようになって、すでに二年が経過していたとはいえ、異国人の留学生である私に、徹底した信用を示して下さったのです。これほど信用されれば、決して教授からの信用を裏切ることなど出来るものではない、と強く思いました。

教授は、その著書〝Die pädagogische Atmosphäre〟（邦訳『教育を支えるもの』森昭、岡田渥美訳／黎明書房、一九七一年）の中で「『信用』（Zutrauen）は、それが相手によって感じられるばあいには、当人の作業を促進し激励するはたらきをする。そのばあい、相手の人間は、彼に寄せられる信用によって、自分が期待されていると感じ、それによって自信が強まるのを覚え、そしてこのことによって、（無意識的にせよ）寄せられた信用を無にしない行動へ駆り立てられる」と書いておられます。教師側からの徹底的な信用があってこそ、生徒もそれに応えようと努め、そのことによって両者の「信頼」（Vertrauen）関係構築もまた可能になる、とボルノー教授は考えられたのです。つまり、教師の生徒への絶対的な「信用」は、生徒と教師間の「信頼関係」に到る先行形態なのです。私共は、教育がうまくいくためには両者間の「信頼関係」が大切であることを簡単に口にしますが、その「信頼関係」の前提には、教師から生徒への絶対的な信用があることを忘れてはいけないように思います。

ボルノー教授宅での私の留守番の経験は、ボルノー教授の「信用」・「信頼」の理論を、教授自身の実践を通して学ぶ、という貴重なものになりました。ところで教授夫妻は、予定より二日ほど早く、私が夕方家をあけていた時、シュヴァルツバルトの別荘から戻って来られました。そのため、その夜は私も教授ご夫妻と同じ屋根の下で眠ることになりました。そしてその翌日、思いもよらないことが起こりました。ボルノー教授が自らハンドルを握り、奥様が助手席に座り、私を荷物と一緒に学生寮まで車で送って下さったのです。ボルノー教授を車に乗せて運転した経験のある日本人は多いと思いますが、ボルノー教授の運転でボルノー教授の車に乗せてもらった日本人は少ないのではないかと思います。私は決して成績優秀な学生というわけではありませんでした。しかし、留学生活を送る中で、ボルノー教授と心からの交流が出来、他の何物にも代えがたい素晴らしい経験をすることが出来ました。

テュービンゲンを去らねばならない時が迫ったある日、私は教授夫妻に挨拶に出向きました。教授はもう八〇歳近くになられており、私がドイツへ行かない限りはもう会えないだろうと思うと、妙に淋しさが募ってきたのを覚えています。ところが、予想もしていなかったことでしたが、一九八六年の五月、ボルノー教授は大阪大学の森田孝教授の招聘《しょうへい》で、再度日本に来られることになりました。私はその月の終わりに結婚式を挙げることになっていました。教授におそるおそる招待状を差し上げたところ、披露宴だけではなく、結婚式までも出て下さいました。

教授が亡くなられたのは、それから五年後のことでした。私は教授の対話本『思索と生涯を語る・ボルノー』（玉川大学出版部、一九九一年）の翻訳を進めていましたが、まさにそれが完成しようかという時でした。この本の中では、「信用」と「信頼」の違いについては言及せず、「信頼」という用語だけで語られていますが、ボルノー教授は「信頼」と子どもの「発達」の関係を取りあげて、次のように述べておられます。「大人の側から子どもへ信頼が寄せられる時にのみ、子どもは正しく発達することが出来るのです。不信は子どもの発達を妨げるように作用するのであり、疑い深い教師が子どものなかに予測した悪い性質は、みな子どものなかに育ってきます」。

教育の現実を見据え、そこから問題を捉えて深く思索し、教育の理論にまで持っていく。その手法がボルノー教授の教育思想を堅実なものにしているように思われます。ボルノー教授の堅実な教育思想とともに、あの温厚な人柄を今あらためて偲んでいるところです。

## 5 「忍耐」も、子育ての重要な要素

### ——愛するって、耐えることなのか？——

もう大分昔のことになりますが、浅丘ルリ子の「愛の化石」という演歌が流行しました。並木六郎さんの作詞でしたが、語りと歌声が交互に流れる歌で、非常に印象に残っています。歌の出だしの言葉は、確か次のようなものだったと記憶しています。「悲しみの涙が、あの人の幸せに心をぬらした時、それを人は愛と呼ぶのでしょうか。孤独が、私の胸にあふれた時、それをひとは愛と呼ぶのでしょうか。お願い、教えてあなた。愛するって、愛するって、耐えることなの？」と。とりわけ「愛するって、耐えることなの？」という文言が、若者の間でも流行語になったものです。

「愛するって、耐えることなの？」と訊かれたら、どう答えたらいいでしょうか。すで

に、私は、「愛とは何か」ということを三井教授の考えを手掛かりにして考察し、愛には連続的な面と、非連続的な面があることを見ました。相手を愛してしまったら、一緒に居たいという思い、つまり連続的な面があることは言うまでもありません。しかし、いつも一緒に居ることが愛の唯一の姿であるかと言えば、もちろんそうとは言えません。相手を愛すればこそ、相手の自由を尊重し、離れること、つまり非連続な面も必要となるでしょうし、そうなれば、淋しくても耐えなければならない時もあるに違いありません。そのように考えると、愛の一面には、確かに忍耐があるように思えます。

しからば、子育てにおいて「忍耐」ということをどのように捉えたらいいのでしょうか。ドイツの教育学者、ボルノー（Otto Friedrich Bollnow, 一九〇三－一九九一）についても、「信頼」の問題と一緒に、すでに他の随想で取り上げました。ボルノーは「忍耐」についても取り上げ、「愛」や「信頼」とともに、親や教師が子育てにおいて有すべき、重要な要素として捉えています。本稿でもボルノーの『教育を支えるもの』（森昭・岡田渥美訳、黎明書房、一九七一年）を参考にしながら、忍耐の問題を考えてみようと思います。

多くの場合、親や教師は子どもに「愛情」を注ぎ、「信頼」を寄せながら、子どものよりよき未来を願い、さらに、そこにある種の「期待」を抱くものです。それは決して悪いことではありません。子どもは親や教師から期待されることによって「やる気」を出すこともあるからです。しかし、その期待が成果を急がせるものであったり、子どもの能力をはるかに超えるものであったりする場合は、子どもは期待に押しつぶされて、やる気を失ったり、親や教師のがっかりする姿に傷ついてしまったりすることになります。この点についてボルノーは、「(親や教師からの)先走る期待と、期待されたものよりも遅い子どもの発達、あるいは期待と異なった発達との間には、必然的に緊張関係が生ずる」と言っています。ここに親や教師にとっては「待つ」ということが必要になるわけです。

ボルノーの言葉を借りれば、親や教師には、「先走ってゆく期待の性急さとは反対に、発達の終点をじっくりと待つことのできる忍耐、予期しなかった新たなるものをも、発達をより豊かにするものとして積極的に受け容れる構えをもった気長な忍耐」が必要だということになります。つまり、親や教師には「待つことが出来るという能力」としての「忍耐」が要求されることになるのです。しかし「待つこと」、「忍耐」は、理窟では理解できても、そう簡単に実行に移せるものではありません。だからこそ、ボルノーは言っています。この忍耐は、親や教師が自ら「学び取らねばならぬもの」であり、意識的に努力して「自然的な欲望に打ち克ち、獲得しなければならないもの」なのだと。

ところで、他の随想において、すでにボルノーにあっては、教育が成功するためには親や教師と子どもの間に「信頼」関係が不可欠であることを見ましたが、子どもに対する「信頼」があればこそ、子どもに対する「忍耐」も可能だと言えそうです。「この子だったら大丈夫。きっと出来るはず。もう少し見守りながら、待ってみよう！」ということになると思われます。ここに「信頼」と「忍耐」は深く結びついていることを知ることになります。だが、ボルノーによれば、ここにさらに「希望」も関わると言います。それはどういうことなのでしょうか。

ボルノーによれば、「多くの望ましい期待さえも裏切られ、未来に期するあらゆる試みも全く失敗に帰する」こともあり得ます。そのような時でさえ、そこに残っているのが、「未来に対するより一般的な、より深い関係としての希望」だと彼は言うのです。たとえ今は見えなくても、必ずや突破口を見出すであろうとの明るい可能性を捨て去ることはないのです。その意味で、希望は「未来への信頼」だと言うことが出来るわけです。

かくて、ボルノーによれば、親や教師が子どもの未来を信じる限り、希望を持つことが出来るし、そこに希望がある限り、子どもをじっと見守っていくという忍耐も可能になるのです。子どもに対する「信頼」と「希望」と「忍耐」とは、単語としては三つでありますが、根底においては一つのことのようです。

親や教師に子どもへの本当の愛と信頼があれば、子どもが自分の期待通りの成果を挙げられない場合でも、落胆したり、叱責や体罰に走ったりすることなく、励ましたり、ただ黙って傍《そば》に居て支えになる余裕も生まれてくるものと思われます。愛情を持ち、意識的に「待つ」教育を心がけることによって、子どもの伸びやかな成長が促されるのではないでしょうか。

# 6　「ほめてやらねば、人は動かず」

## ――「山本五十六記念館」を訪ねて――

二〇〇三（平成一五）年の五月の連休、私は通信教育部学外スクーリング授業のため新潟市へ出掛けました。授業前日の午後新潟へ向かった私は、せっかくの機会なので長岡で途中下車しました。訪ねてみたいところが二ヶ所あったからです。一つは、平成三年一〇月に千秋が原ふるさとの森に建立された「米百俵の群像」、そしてもう一つは、平成一一年四月、駅から歩いて一〇分ほどの呉服町に開館した「山本五十六記念館」でした。

山本五十六連合艦隊司令長官については、私はかつて、「軍人と言えども、山本長官ほど広く国際的な視野を持ち、心から部下を愛した人は少なかったのではないか」という人物評を読んだことがあります。併せて、山本長官がよく口にしていたという「やって見せ

て　言って聞かせて　やらせて見て　ほめてやらねば　人は動かず」という歌を聞いたのが印象に残っていましたので、それ以来、山本長官とはどのような人物だったのだろうと、非常に興味を持っていました。

「米百俵」の故事と山本五十六長官の存在は一見無関係のようにも見えますが、よく調べてみると、実は関わりがありました。米百俵の精神によって創設された国漢学校に起源をもつ旧制長岡中学校で、山本五十六も学んでいたのです。

徳川幕府が倒れて明治政府が成立した際、新政府は会津藩をはじめとする東北諸藩を侵攻しました。これが「戊辰戦争」と呼ばれるものでした。中学や高校の「日本史」の教科書には、東北諸藩が新政府に抵抗したために討伐したことになっていますが、実際は、幕末期に会津藩が薩摩・長州の尊皇派を弾圧、倒幕運動を取り締まったことに対する私恨から、明治新政府の実権を握った薩摩・長州が、この戦争を仕掛けたとも言われています。この戊辰戦争の時、長岡藩は会津藩とともに新政府軍と戦うことになり、結局敗れてしまいました。「米百俵」の故事はこの戦争の後に生まれたものでした。

戊辰戦争後、焦土化した長岡に住む人々は極度の貧窮の中にありました。長岡藩の禄高は七万四千石から二万四千石に減らされ、明治元年からの二年続きの凶作がさらにその窮状に追い討ちをかけたと言われています。その状況を見かねて、明治三年に、お見舞いとして三根山藩から届けられたのが米百俵なのでした。おかゆも満足に食べられずにいた藩士やその家族たちは「これで腹一杯の米が食べられる」と期待したのでしたが、その時の長岡藩大参事、小林虎三郎は「食えないからこそ、教育をするのだ」と主張、その米を藩士に分配せずに換金し、学校教育のための資金にしたのでした。千秋が原ふるさとの森に建立された「米百俵の群像」は、「米を分配せよ！」と血気に走る藩士たちを、小林虎三郎が説得している場面なのです。「藩は食料として配給制の米は出している。この百俵など分配してしまえば、一人当たり数日で食いつぶしてしまう。この百俵を元として学校を建てたい。これが戦後長岡を建て直す一番確かな道だ。これ以外に、長岡を立ち直らせる道はないのだ」と。これが後に、国家有為の人材を次々に輩出することになる「国漢学校」（後の旧制長岡中学校、現在の県立長岡高等学校）の本格的な始まりでした。

山本五十六は、明治一七年に旧長岡藩士高野貞吉の六男として生まれています。父が五十六歳の時の子どもであったため、「五十六（いそろく）」という名前が付けられたと言われていますが、貧困にあえいでいた高野家にとって、五十六は歓迎されざる子であったようです。「おまえは生まれて欲しくなかった」と実父に言われ、歯を食いしばって耐えたといいます。幸いにして学校の成績が良かった五十六少年は、明治三四年三月、米百俵によって出来た旧制長岡中学校を卒業。さらに同年一二月には、江田島の海軍兵学校へ入学を果たしたのでした。大正五年、前年海軍少佐に任官されていた高野五十六は、乞われて旧長岡藩家老山本家の養子となり、ここに「山本五十六」を名乗ることになりました。大正八年には米国駐留武官に任命されますが、執務の傍ら、ハーバード大学に入学し、英語習得に励んでいます。絶えず自己を鍛えることを怠らず、向上心旺盛な人物だったようです。昭和一四年には連合艦隊司令長官となり、翌一五年には海軍大将となりますが、残念ながら第二次世界大戦中に戦死してしまいます。

世間では、山本五十六が軍人であったばかりに、軍国主義的で、好戦的な人だったように思っている人もいますが、「山本五十六記念館」の展示類を見ていくと、私には、山本五十六という人物は、小さいときから戦いの苦しみを肌で感じながら育った故に、軍人として戦争のない世界を作ることに努めた人だったように思えました。山本五十六長官が日独伊三国同盟や日米開戦に最後まで反対したことは、あまり知られていないようです。

また、山本五十六は下積みの生活を経験し、苦労して育った人だったためか、部下の心がよくわかる人だったように思えます。ただ単に「やれ！やれ！」とけしかけるだけではなく、「こうやるんだ！」と見本を見せ、実際にやらせてみて、よく出来たら「出来るじゃないか！」と褒めてやる。その繰り返しで、若い軍人たちもやる気を出して行動したと想像されます。「ほめてやらねば、人は動かず」、私はこの言葉のなかに、教育者としての山本五十六を見る思いがしています。

# 7 「ほめる」と「叱る」は車の両輪

## ――「おだてる」、「けなす」にならないように――

「ほめる」は、子育てにおいてのみならず、スポーツ界の選手育成においても重要なことだとよく言われています。さらには、「ほめる」ことを大事だと主張するのと併せて、「叱るより、ほめろ！」という言い回しもよく耳にします。これは決して「叱らないで、ほめろ！」と言っているわけではなく、「叱る」より「ほめる」方に重きを置くように、また「叱る」より「ほめる」方が教育上の効果が大だと主張しているわけで、「叱る」ことを否定しているわけではないのです。結論から言えば、「叱る」ことも「ほめる」ことと同様、子育てにおいても、選手育成においても必要なことだと思われます。

しかし、実際に「ほめる」とはどうすることなのか、また「叱る」とはどうすることなのかが、正しく理解されて実践されているとは言えないようです。そこに問題があると思われます。ここでは「ほめる」とは一体どうすることなのか、「叱る」とは一体どうすることなのかを、「おだてる」、「けなす」との対比において、少し吟味してみたいと思います。

「ほめる」をうまく実践できないのは、「ほめる」ということの意味を、人は時として「おだてる」と解してしまっているからのようです。聖マリアンナ医大病院医療相談室長の深沢道子先生が新聞のコラム（『日本経済新聞』一九七九年六月三〇日付）で、次のように書かれていたのを思い出します。その一部をここに引用してみます。

「子どもをダメにした親たち」という本を書いたせいもあってか、ＰＴＡの会合で子どもをダメにしないための話をするように依頼されることがある。「その子の良いところをなるべくたくさん見つけて、惜しげなくほめあげること」をすすめるのが常なのだが、必ずといってよいほど質問されるのは「ほめ過ぎると慢心するのではないか、増長してしまうのではないか」という点で、時には「それでは進歩が止まってしまう」と反論されることもある。「ほめたのが原因でのぼせあがってダメにしてしまった」と反省した経験を話す親もいたほどだ。こうした場合、「ほめる」という言葉の解釈に違いがあるようで、私の言いたいのは「良いことを良いと表現する」ことであり、この点を確認してみると、質問や反論をされた方たちは、ほめるイコールおだてる式に考えている場合が多い。

深沢先生が指摘されているように、「ほめる」ことは決して「おだてる」ことではないのです。その違いはどこにあるのでしょうか。例えば、子どもが一生懸命練習した結果、それまで出来なかったことが出来るようになった時や、苦手なものを克服した時に、「良かったね。よく頑張ったね！」と嬉しそうに母親が言ってくれたら、それは何よりの褒め言葉だと思われます。褒められた子どもは喜びを感じ、慢心するどころか、自信を得て、さらにやる気を起こすのではないか、と思うのです。その反対に、その子にとって簡単なことが出来た時に、「すごい！」とか、「偉い！」とか大げさに言ったら、それこそ子どもは「のぼせあがって、ダメに」なるかもしれませんし、場合によっては、「こんなことが出来たってたいしたことじゃないのに、親は何にもわかってないな！」と反感さえ持つかもしれません。これでは「ほめる」ではなく、「おだてる」になってしまうように思われます。先の深沢先生は、次のようにも言われています。「おだてるという行為は、相手を操作する意図が働いていていてイヤなものだ。・・・しかし、『良い』と感じ『素晴らしい』と思った時、相手にストレートにそれを伝えるのはこうした行為とは全く違う。それはホンモノの人間関係、信頼関係の一番基礎であるはずだ。自分の本当の感情をストレートに伝える親に対しては、子どもは安心感を持って信用する」と。

では、「叱る」と「けなす」は、どのように違うのでしょうか。子どもがしてはいけない事をした時に、「そんなことをしてはいけないよ！」と冷静に、しかも当の本人にわかるように指摘してやるのが「叱る」であり、その時否定しているのは、その時の間違った行為のみです。それに対して、感情むき出しに怒鳴り、「お前は本当に駄目な奴だな！」とか、「こんなことをするなんて、最低だな！」などと吐き捨てるように言うことは、子どもの人格を否定することであり、「けなす」ことになってしまいます。

右に述べた例からも分かるように、「ほめる」と「叱る」は、その子に対する深い愛情に基づいており、そこには、相手の存在や価値を認めた上で、「さらに伸びて欲しい」という願いが感じられるのです。ところが残念ながら、「おだてる」と「けなす」は日常生活でよく見かけますが、望ましいものとは言えません。その子に対する愛情や、その子を尊重する気持ちに基づいているとは思えないからです。「おだてる」には、深沢先生も言われているように、親が子どもを自分の思う通りに動かそうとする意図が強く感じられます。そして「けなす」には、その子の間違った行為に対する否定というより、その子の人格の否定の方が強く感じられます。人格まで否定されてしまったら子どもの心は傷つき、物事に前向きに取り組む意欲も、失くしてしまうでしょう。

教育心理学の研究者や、教育の現場の先生方が、アンケートの結果や自分自身の経験から「ほめる」時の注意点や、「叱る」時の注意点についていろいろな機会に述べています。私が書き留めた中には、次のようなものがあります。「ほめる」時の注意点としては、

①事実がほめることに値するかを考える
②ストレートにほめる
③共感・感嘆をもつ
④言葉を工夫して、自分の言葉でほめる
⑤（相手が小さい場合は）スキンシップしながらほめる

というようなことが挙げられます。また、「叱る」場合の注意点としては、

①事実を確かめてから叱る

②一貫性のある叱り方をする
③短いわかる言葉ではっきりと叱る
④大きな声より小さな声で叱る
⑤相手を窮地に追い込まない
などが挙げられます。

親も教師も、子どもの良いところは良いとして大いにほめ、間違った行為は間違ったこととしてきちんと叱って正し、子どもがより良い方向に成長してくれることを願いながら、子どもと向き合っていきたいものです。

# 8　子どもの短所を長所として生かす！

## ――子どもの見方を変えれば、子どもも変わる――

五月の連休も終わって、教育実習が本格化してきました。通信教育部に籍をおいている学生の中にも、教育実習へ出かける者も多くいることでしょう。学生側は「実習生」のつもりであっても、迎える児童たちからすれば、日頃教わっている「先生」と同じです。甘えは許されるものではありません。実習生だからと言って、実習校の児童たちと友達になりに行くわけではないのです。大学でやった教材研究、授業研究を実践に生かす実のある教育実習にしてもらいたいと思います。

学生が教育実習へ出かけて行くと、四週目ぐらいに研究授業が行われ、われわれ大学教員も出かけて行くことになりますが、「いい授業だったな！」と思う時には、実習生がその授業の目標をきちんと把握し、そのクラスの子どもたちといい人間関係を築いている場合が多いようです。授業がうまくいくためには、授業を行う者が望ましい子ども観・教育観を持ち、子どもたちとの良好な教育的関係を持つことがいかに重要であるかを切に感じます。

どうか任されたクラスの子どもたち一人ひとりの持ち味を認め、それを引き出し、生かす努力をしてもらいたいと思います。子どもたち一人ひとりの持ち味を生かすためには、子どもの短所を見つけて、それを無理に直すことより、子どもの長所を見つけて、それをほめてやることの方が、いつの時代にも大切な気がします。否、子どもの短所は、見方を変えれば、長所となる場合も多いのです。短所を短所としてとがめるのではなく、短所を一つの特性として捉えた上で、これを長所へと転じ、いい方向へ生かしてやることが出来たら、それこそ最高です。

もうかなり前のことになりますが、「朝日新聞」の朝刊（一九八九年九月二三日付）に「ガキ大将を一変させた女先生」という、東京都の須藤泰雄氏の投書が載っていました。須藤氏は教職課程を持つどこかの大学の教員のようでしたが、一人の女子学生の教育実習校における代理授業体験の様子を紹介していました。すてきな話なのでここに紹介してみたいと思います。

彼女はある時、隣の六年のクラスの先生に留守中の代講を頼まれた。そこには授業を妨害する生徒がいるとのうわさだった。当日、覚悟して教室に入っていくと、案の定、それらしい子がわめきながら、二～三人の子どもを引き連れて歩き回っていた。彼女を見ると、「担任でもないやつは帰れ」とうるさい。無視してプリントを配り出すと、後ろから教室で飼っているイモリを彼女の肩にはわせた。彼女は努めて平静を装い、動物をいじめないようにと諭して、それを水槽に戻してやった。これには彼らの方が驚いた。担任の女の先生は、こんな時いつも教室から逃げ出したからだ。

彼女は彼に向かってこう言った。「さあ、○○君もプリントをやってちょうだい。質問があったら、静かに手を挙げてね。君はとても声が大きいし、元気もあるから、うるさい子やうろつき回る子がいたら、先生に代わって注意してね。みんなが一生懸命勉強できるようにね！」。すると、その子は目を輝かせ、鼻をうごめかして「うん！」と大きくうなずいたかと思うと、「おい、みんな静かにしろよ」と一発怒鳴って、自分の席に着いた。彼が落ち着いてプリントに取り組み始めると、子分たちもしぶしぶそれにならった。こうして授業は無事に終わりを迎えた。次の日から彼はどこで会っても、「オッス、先生」と挨拶するようになり、実習後も手紙をくれたという。

その時の状況が目に浮かぶようです。声が大きくて授業を妨害するこの児童に対して、担任の先生は「静かにしなさい！」と注意することも多かったでしょうし、「この子さえいなければ、クラス経営ももっと楽なのに・・・」と思ったに違いありません。疎外感を感じたその児童は、あえて授業妨害的な行動に出ることもあったことでしょう。ところが、この時の教育実習生は、授業妨害さえも引き起こしたであろう「声が大きい」というこの児童の特性を長所として受け止め、「先生に代わって注意してね」と言って、その児童の存在を認めてあげたのです。そうすることで、「声が大きくて、授業中にわめきながら他の数名の児童を引き連れて歩き回る」という児童の問題行動を、「大きい声で、他の児童が騒ぐのを注意し、率先して勉強に取り組む」という好ましい行動へと変容させて、この児童に自信を持たせたのです。

まさに短所をいい方向（長所）へ転じて、その児童の持ち味を生かしたわけです。この子がその後、どのように成長したのか、またこの時の教育実習生が今どうしているのか、興味をそそられます。この時の児童が実習生の対応に感動して小学校の先生を志し、この時の実習生も教育の妙味を感じて、現在子どもたちに慕われる教師になっているといいな、そんな気持ちにもなります。これから教育実習に出かける人たちも、この実習生に負けないくらい、いい実習をしてもらいたいと思っています。

## 9 「錐と槌とに使いわけなば」

### ――山中伸弥教授のノーベル賞受賞におもう――

二〇一二年一〇月八日、「京都大学山中伸弥教授に対し、iPS細胞（人工多能性幹細胞）を世界で最初に作製した功績によりノーベル医学・生理学賞が授与」とのニュースが流れました。ノーベル賞に一番近い日本人と言われ続け、その研究の内容についてはこれまでも報道されていましたが、今回の受賞報道によって、山中教授の半生も明らかになりました。

五〇歳という若さでの受賞ですから、さぞ順風満帆の半生だったことだろうと思っていましたが、なんと臨床医としての挫折があった後に、研究生活をスタートされたのだということを知って、山中教授に親しみを覚えると同時に、教育の面からもいろいろ考えさせられました。

テレビ等の報道によれば、山中伸弥教授は、中学、高校で柔道を、大学ではラグビーを愛するスポーツマンだったそうですが、骨折もよくされたそうです。そこで、神戸大学医学部在学中に「スポーツ外傷の専門医になる」ことを決心され、同大学を卒業後、大阪市大の医局を経て、国立大阪病院整形外科（現、国立病院機構大阪医療センター）で研修医になられています。

しかし、研修医時代の山中教授は不器用で、点滴に失敗するなど、指導医から「お前は邪魔、ジャマナカや！」と毎日怒られていたそうです。手術も下手で、「他の人なら二〇～三〇分でやれる手術に二時間もかかった」と報道されています。他方、脊椎損傷など深刻な患者を治せない現実を知って、重症患者を救うには「基礎研究をするしかない」と思うようになり、臨床医を諦め、大阪市立大学大学院の薬理学教室の門を叩き、研究者の道に入られたのでした。もちろん研究者の道を進まれていく中でも、いろいろ困難はあったようですが、山中教授が器用で、臨床医として上手くいっていたら、山中教授の今回のノーベル賞受賞はなかったかもしれません。

ここで思い出すのは、江戸時代の末期、大分県日田にあった「咸宜園」塾の創立者、広瀬淡窓の教えです。塾の名前であった「咸宜」（かんぎ）とは、「みなよろし」という意味で、みなそれぞれに「良さ」を持って生まれてきている、という淡窓の人間観が、その塾の名前に反映されていました。従って、身分や学歴、さらには年齢を問わず、学問を好む人には皆、塾への入門が許されました。その結果、交通がまだ不便な江戸時代にあっても、全国から約三〇〇〇人もの好学の若者が、淡窓に教えを請うため集まって来たといいます。

広瀬淡窓には、「君汲川流、我拾薪」（君は川流を汲め、我は薪を拾わん）という言葉で終わる有名な漢詩がありますが、「いろは歌」と呼ばれる一連の短歌もあります。その中でも有名なのが、「す」に始まる「鋭（するど）きも、鈍（にぶ）きも、ともに捨て難し、錐（きり）と槌（つち）とに、使いわけなば」という歌です。

世の中には、鋭いものもあれば、鈍いものもあります。しかし、鋭いから必要だ、鈍いから不要だ、というものではありません。淡窓は、鋭いものも鈍いものも、両方ともに捨て難い、両方ともに必要だ、と言っています。鋭ければ尖った「錐」として使えばいい、鈍ければどっしりした「槌」として使えばいいと。錐は、小さな穴を開ける際には不可欠なものですが、錐で杭などを地中に打ち込むことは出来ず、これにはどうしても槌が必要となります。

山中教授は、手先が不器用で、臨床医には向いていなかったようです。「ヤマナカ」（山中）ではなく、「ジャマナカ」（邪魔中）と指導医に呼ばれるほどだったらしいことは、先に触れました。しかし、他人が二〇分でやる手術を、二時間もかけて丁寧にやった若き日の山中教授は、物事に辛抱強く取り組む、という研究者としての資質を十分に持っておられたようにも思われます。鋭い「錐」としてではなく、いぶし銀的な、鈍い「槌」として成功されたとも言えそうです。

物にはそれぞれ持ち味があり、それでなければできない仕事、役割がありますが、これは人間についても言えることなのです。同じ親から生まれた兄弟と言えども、鋭い子もいれば、鈍い子もいるし、「得意」、「不得意」もあります。子ども一人ひとりの持ち味を引き出し、その力を存分に伸ばしてやりたいものです。

# 10 「みんなちがって、みんないい」

## ――童謡詩人金子みすゞ生誕一〇〇年におもう――

「幻の童謡詩人」、「天才童謡詩人」等々、さまざまな呼び方で賞賛される金子みすゞが、山口県の仙崎に誕生したのは一九〇三（明治三六）年四月一一日でしたから、二〇〇三年の今年は生誕一〇〇年にあたります。「金子みすゞコーナー」が特設されている本屋さんもあり、みすゞの童謡に対する人気の高まりが感じられます。とは言え、金子みすゞの童謡は、昔から多くの人に知られていたわけではありませんでした。

一九二三（大正一二）年、二〇歳の時、童謡雑誌に初めて詩を投稿し、西条八十に才能を見いだされ、以後次々に雑誌に発表したとはいえ、二六歳という若さでこの世を去った金子みすゞの童謡は、長い間人々から忘れ去られていました。童謡詩人金子みすゞが現代に蘇ることになったのは、没後半世紀を経てのことであり、それは、学生時代にみすゞの童謡「大漁」に魅了された児童文学者、矢崎節夫氏の熱意によるものでした。

一九八三（昭和五八）年一二月一四日の「朝日新聞」に、次のような記事が載ったのを記憶されている方もおられると思います。「よみがえる幻の童謡詩人／大正時代の若き巨星・金子みすゞ／半世紀ぶりに全作品を発見／児童文学者・矢崎さん、一六年、執念の調査／来春、五五回忌、全集を発行」と。これが「みすゞ蘇り」の第一報だったのです。学生時代に金子みすゞの童謡「大漁」に魅了された矢崎氏でしたが、「みすゞ探しの旅」は思った以上に手がかりが少なく、年月ばかりが過ぎて行ったといいます。しかし一九八二（昭和五七）年六月、矢崎氏はついに金子みすゞの実弟と巡り会い、実弟が保管していたみすゞの手書きの三冊の手帳（童謡集）と写真を手にすることが出来たのです。この三冊の手帳に収められていた五一二編の童謡が、二年後の一九八四（昭和五九）年二月、矢崎氏の努力と執念によって『金子みすゞ全集』として出版されたのでした。

ところで、矢崎氏は「みすゞ蘇りの中で」と題した手記の中で、「金子みすゞ蘇りの一番の功労者は弟上山雅輔さんだ。雅輔さんが三冊の手帳を大切に保管していなかったら、みすゞ蘇りは起こらなかった。二人目は、みすゞの従弟にあたる下関の花井書店店主・花井正さんだ。花井さんに辿り着かなかったら、雅輔さんに出会うことはなかった。この二人はみすゞの身内だが、他にみすゞ蘇りの大きな力になってくれた人がたくさんいる。その一人が中学時代からの友人、今井夏彦君だ」と書いています。

今井夏彦氏は二〇〇三年現在、玉川大学文学部の教授ですが、矢崎氏が「みすゞ探しの旅」をされていた頃、山口県下関の梅光女学院大学の先生でした。矢崎氏は、今井先生に「商品館に店を出していた本屋を捜して、金子みすゞを知っているかどうか尋ねてほしい」と頼んでいました。一九八二（昭和五七）年六月四日、「みすゞの従弟が見つかった。花井正さんという方で、みすゞのことをよく覚えていらした。今晩、君の方から連絡を取れるようにしておいた」という知らせが、今井先生から矢崎氏に届きました。この今井先生からの知らせが、矢崎氏と花井氏、そしてさらに みすゞの弟、上山さんとの出会いを実現させたのです。

このような経過をたどって発掘された数多くのみすゞの詩。それらは、実にやさしい言葉で、私たちが普段忘れている事がらに気付かせてくれます。「見えなくても存在する」という事実を「星とたんぽぽ」という詩の中で見事にうたいあげていますし、驚きの心を持つことの大切さを、「不思議」という詩はさりげなく、しかも的確にうたいあげています。中でも私が一番好きな詩は、やはり「私と小鳥と鈴と」です。「私が両手をひろげても、お空はちっとも飛べないが、飛べる小鳥は私のように、地面を速くは走れない。私がからだをゆすっても、きれいな音は出ないけど、あの鳴る鈴は私のように、たくさんな唄は知らないよ。鈴と、小鳥と、それから私、みんなちがって、みんないい」。何と素敵な詩なのでしょう。この詩はいつの頃からか『小学国語三年上』（光村図書）にも載せられています。我が家の息子たちが小学校時代、家庭で大声を出して「みんなちがって、みんないい」と音読していたのを思い出します。

さて昨年（二〇〇二年）の一〇月、私どもは今井夏彦教授を通して矢崎節夫氏にお願いし、玉川大学においで頂いて講演をしてもらいました。その時の講演の中で矢崎氏は、「『みんなちがって、みんないい』を別の言葉で言うと、『まるごと認めて、傷付けない』ということだろうと思います」と話されました。非常にわかりやすい説明のように思います。

学校教育の現場では、誰が頭がよくて一番の成績なのかということに目が行ってしまいがちです。教育の重要な作用の一つとして「伝達作用」があり、前の世代が後の世代に知識や経験などの文化財を伝えていくことは大切なことでありますし、子どもたちが学業成績の〝number one〟を目指すのも悪いことではありません。しかし他方、「助成作用」も教育の大切な作用であり、子ども一人ひとりが有する良さを認め、その持ち味を伸ばすことをおろそかにしてしまっては、教育は一面的になってしまいます。

かつて玉川学園には、親元から離れて生活する生徒や学生のための「塾」という名の「学生寮」がありました。その塾では毎月誕生会が開かれ、小原國芳学園長が誕生者に祝辞を述べていましたが、その中で必ず語られることがありました。それは「われわれ一人ひとりは、この世にたった一つしかない存在であり、われわれ一人ひとりの人生は、たった一回限りのものである。〝only one, only once〟の存在であることを忘れないで欲しい」というものでした。そして、「人は皆、それぞれ違った良さを持っている。自分は自分でいい、という自敬の念を持つことが大切だ」とも話されました。

「みんなちがって、みんないい」、「まるごと認めて、傷つけない」さらには、〝only one〟や「自敬の念」、これらの言葉は、それぞれ表現は違っていても、人間評価の同一地点を目指しているように思えます。一人ひとりの人間をまるごと受け止め、その持ち味を生かす、このことは、特に教育の現場で忘れてはならないことでしょう。

# 第2部

# 子どもの才能を引き出すための知恵

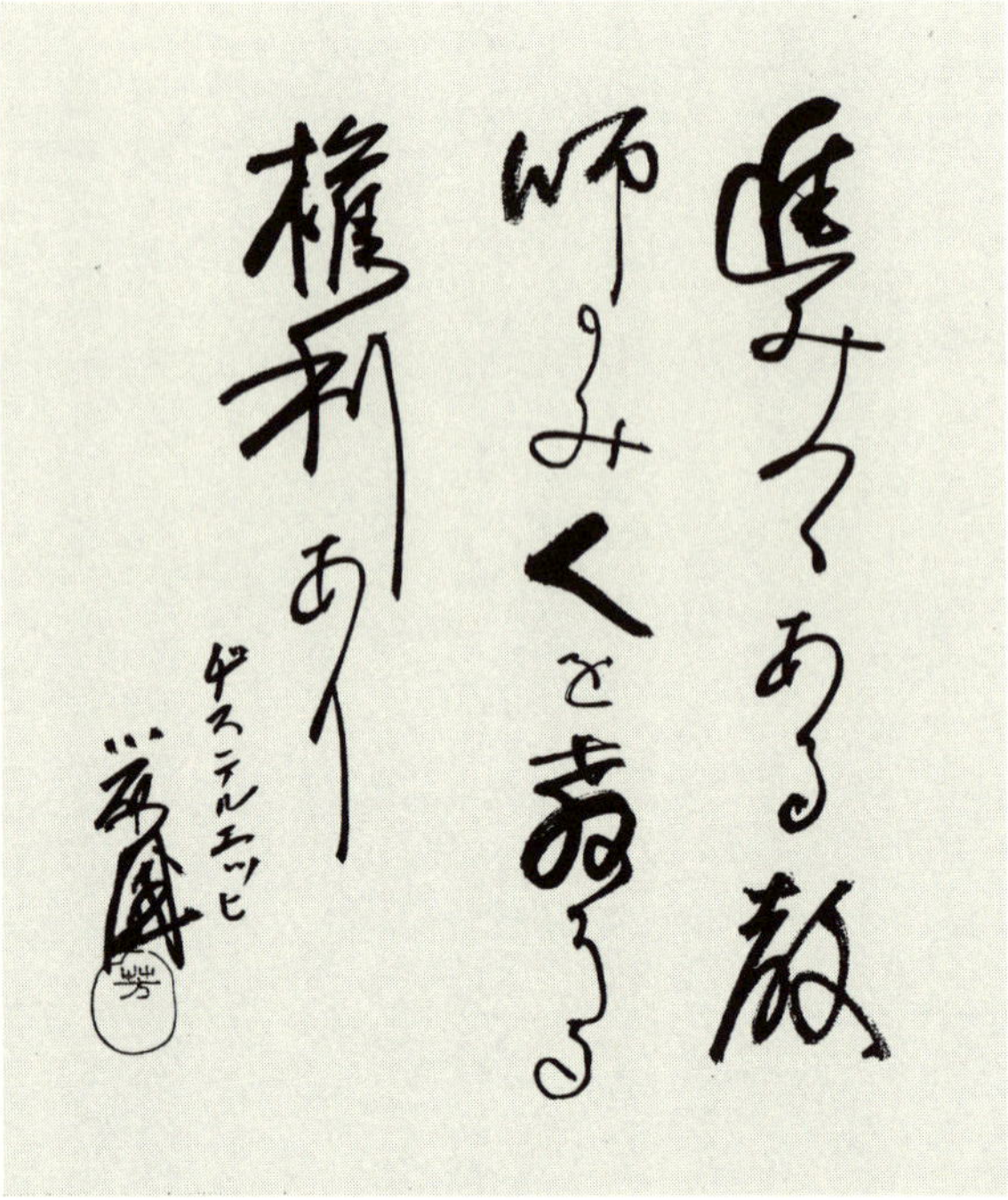
進みつゝある教師のみ人を教ふる権利あり
ヂステルヱッヒ

# 11 「子育て」における機・度・間

## ――臨済禅の教えに学ぶ――

現在は「そだてる」という場合、「育てる」と表記することが普通ですが、かっては「そ立てる」と書く時もあったようです。「そ」は強調の意味があり、「立てる」は、人間を一人立ちさせることです。つまり「育てる」とは、幼い子どもに援助の手を伸ばし、将来その子が独り立ちしていくのを助ける作用なのです。人間は、決して外からの命令だけで動くロボットでもなければ、内なる本能の赴くままに行動する動物でもないわけで、そこには子どもの正しい自主性、自発性を育てる指導が必要です。そのことによって、子どもは自立（自律）した人間になっていくのです。では、どのようなことに注意しながら「子育て」していくことが必要なのでしょうか。

臨済禅の教えの中の一つに、「啐啄（そったく）同時（機）」というものがあります。これは卵から雛鳥が生まれる時の状況を言ったものです。「啐」とは卵の殻の中で雛鳥が内側からつつくことであり、「啄」とは親鳥が殻の外側からつつくことですが、雛鳥が卵からかえる時、つまり雛鳥の誕生にあっては、両者の作業が機を捉えて同時になされる、というわけです。そこでは、親鳥が勝手に外から卵の殻をつつくのではなく、卵の中の雛鳥が十分に成長して、卵から出たいという自発的な行動を起こした時、それを受けて、卵の外から親鳥もつついてやるのです。つまり、親鳥は嘴を用いる「時機」、すなわち「機」を心得ているわけです。

さらにその場合注意されるべきは、親鳥が卵の殻をつつく場合も、全部割ってしまうのではなく、わずかにひびを入れてやるに過ぎないということです。卵の殻を割って内から出てくるのは、あくまでも雛鳥の為すべきことであり、親鳥は手助けするに過ぎないわけです。つまり親鳥は、嘴を用いる時機だけでなく、どの程度の強さでどの位つついたらいいかという「度合」、つまり「度」までも心得ているのです。そして親鳥は、自分がやるべきことをしたら、後は雛鳥が自分の力で殻を割って出てくるのを、ジーッと待ってやるわけです。

この「啐啄同時」という生物界の出来事から私どもが学ぶことは、子どもに教えるには教える「時機」があるということ、そして教える時機をきちんとつかんでも、その教えることの「度合い」を考えなければならないということ、さらに、学ぶのはどこまでも子ども自身だから、子どもの自発的学習を見守ってやる「間合」、つまり「間」が必要だ、ということ。一言で言えば、教育においても「機」と、「度」と、「間」を心得る必要がある、ということです。

では、もう少し具体的に見ていくことにしましょう。先ず「機」ですが、これは、子どもの自発的行動の契機をつかむということです。しかし、子どもが自発的行動を起こすためには、好奇心や興味を抱くことが前提条件となります。その意味では、単に子どもの興味を感じ取るだけでなく、興味づけそのものも、教師や親の大切な仕事となるでしょう。「好きこそ、ものの上手なれ」と申します。誰でも、興味のあることに対する集中は強く、絶大な学習力を示し、一を知れば一〇をも学ぶ勢いがあるものです。

学校での漢字の学習一つを取り上げても、ただ単に一つひとつの漢字を別々に覚えさせるのではなく、それぞれの漢字の成り立ちを明らかにして、樹木に関係するものには一般に「木」（きへん）がついており、水に関係するものには「氵」（さんずい）がついていること等がわかれば、子どもは他の漢字への興味も湧いて、自分から辞書を引くようにはならないでしょうか。子どもが行動を起こした結果、そこから質問が出てくるようであればしめたものであり、それを契機として、また新しいことを教えてやればいいわけです。

しかしここで次の「度」の問題が出てきます。教える時機がきたからと言って、その教える量が多過ぎたりすれば、かえってやる気を失わせる結果になってしまいます。教えるということは、あくまで生徒が自ら学んでいくための手助けであり、教師は生徒の知的意欲を高めてやることが肝要です。教師は生徒の質問に即して、援助を与えればいいのであって、生徒の学習の先取りをして教えてしまうことは、生徒の次の段階の興味、またやってみようとする意欲を削いでしまう危険性があります。

そこで「間」の問題が、重要な事柄となってきます。「間合」を辞書で引いてみますと「あいま」「あいだ」といった一般的な意味に続いて、「舞踊、音楽で、調子や拍子が変わる時のわずかな休止の時間」、あるいは「剣道などで、相手との距離」とあります。間合は、時間的であると同時に空間的なのです。

援助を受けた生徒が、次の自発的な学びの行動を起こすためには、時間が必要です。併せて、教師は生徒との間に距離を置いて、見守ってやるということも必要なのです。親も教師もいつでも子どもの傍らで、「ああせい」「こうせい」と指示するのではなく、時には離れて、遠くから見守ることが必要だということを教えてくれているように思います。そのことによって、また「機」と「度」も適切なものになっていくわけです。

玉川学園の創立者、小原國芳は、「他から与え、詰め込み、教え、棒暗記させるという教育の形式を、自ら摑み、自ら研究し、自ら学習し、自ら創造し、自ら発見するという態度に変えねばならぬ」と主張し、「教授を学習に、教師を相談相手に」変えて、どこまでも、生徒主体の教育をしなければならぬ、と唱えました。小原は、teachするのではなく、catchさせうる教師こそ本物の教師と考えていましたが、生徒自身にcatchさせる指導はまさに「機」・「度」・「間」を心得た教師によってこそ可能になるように思われます。

# 12　子どもは天からの「預かりもの」

――子どもは親のものであって、親のものではない――

地球がこの宇宙に生まれてから約四六億年。そしてこの地球上に初めて原始生物が誕生してから約三八億年もの時が流れました。生物は進化を続け、現在こうして人間が、私ども一人ひとりが存在しています。考えてみれば、私ども一人ひとりの年齢は、遺伝学者の村上和雄教授が言われるように、「地球生命三八億歳」です。普段私どもが何歳と言っているのは、母親の胎内で個体としての私どもの生命が誕生してからの、あるいは、母の胎内を出てからの年月に過ぎません。三八億年前から今日に至るまでの生命の流れが、途中どこかで途絶えていれば、現在の私ども一人ひとりの存在はないのです。

私どもの個体としての生命の誕生は、母親のわずか〇・一ミリの卵子と、さらに小さい父親の〇・〇六ミリの精子が出会ってこそ可能になることを発生学は教えてくれています。母親の〇・一ミリの卵子、父親の〇・〇六ミリの精子の中に、それぞれ三八億年の生命の歴史が内包されているのかと思うと、生命の神秘をも感じます。前出の村上和雄教授は、例えてみれば、一つの米粒を地球上の六〇億の人に分け与えるような、そんな極小の世界に祖先からの遺伝子が刻み込まれていると言われます。そんなことはもちろん人の力で出来ることではありません。まさに神業です。子ども一人の存在は、たしかに人間男女の性的関わりがあってのことですが、それは単なるきっかけを提供しているに過ぎず、第一原因ではありません。子ども一人ひとりは、まさに人間を超えた大自然の営み、つまり神仏によって創造され、生命を吹き込まれた存在なのです。

ですから、自分の子どもと言っても、親である自分が獲得した能力だけを受け継いで生まれているわけではないのです。極端なことを言えば、両親を通して、三八億年に亘って受け継がれて来た両方の先祖たちの素質や才能を受け継いで生まれてくるわけで、親も知らない素質や才能をもって生まれてきていると言えるでしょう。「個体発生は、系統発生を繰り返す」とは、確か高校の生物の時間に教わったことですが、母親の胎内における三八週間の間に、三八億年の人類の進化を繰り返しながら、様々な先祖たちの素質や才能を受け継いだ上で、一人の赤ん坊として誕生するというのですから、物凄いことです。目の前に居る自分の子どもは、親である自分のミニチュアとしてそこにいるわけではないのです。子どもは自分が作ったのではなく、天から授かった不可思議な存在であり、いろいろな可能性を有した存在だと言えるでしょう。だとすれば、自分の能力の範囲で自分の子どもの成長に限界を設けるのではなく、ジッとその子を見守り、その才能が出てくるのを待ってやることが必要となります。

「親」という漢字は、「木」の上に「立」って「見」る、という三つの漢字が組み合わさって出来た字です。いつも子どもの直ぐ傍にいて、「ああしなさい！」「こうしなさい！」と行動を規定するのではなく、少し子どもから距離をおいてジッと「見守り」、「待つ」ことが必要だということを示しているようにも思えます。そして、自分を必要とした場合は、援助の手を精一杯差し伸べてやるのが親の役目であるような気がします。

ひと頃、コインロッカーに赤ん坊を捨てるという事件が続きました。そこには、親が「自分たちの子ども」を、「自分たちが作った子ども」というように考えたことにも起因していたように思われてなりません。「作る」の反対語は「壊す」です。ですから、親が「子どもは自分たちが作ったもの」と考えれば、「自分たちで作ったものは、自分たちで壊しても（殺しても）いいではないか」ということになってしまったようにも思われます。

そういう考え方をする限り、「授かった子」といっても、「自分たちの子」には変わりないわけで、「自分たちの子なんだから、自分たちがどうしたって構わない」ということになってしまいそうです。ですから、私はもう一歩進んで、子どもは、親が自分たちの力だけで「作ったもの」でなく、天から「授かったもの」である、と意識するのと同時に、さらに天から「預かったもの」という意識を持つことが大切なのではないかと考えます。そのように意識すると子育てに大きな困難を伴う場合でも、天が自分を見込んでこの子を託したのだと考え、愛情込めて精一杯育てていこうという前向きな気持ちを持つことが可能になると思われます。

子育ては、太古の昔から続いてきた生命のリレーを途切れさせることなく、未来へと繋げていく営みでもあると思います。天から「授かった」子どもを育てるという意識を持つだけでなく、天から「預かった」子どもを育て上げ、また天にお返しするような気持ちで子育てに励むことも、大切なのではないでしょうか。

# 13　子どもの質問にも真摯に耳を傾ける

## ――世界的数学者、広中平祐博士の母に学ぶ――

子どもが幼児の頃は特に、どんなことにも興味や疑問を持ち、「これは何？」、「なぜ？」、「どうしてなの？」等々、身近な人によく質問するものです。そこには遠慮なんかありません。子どもは、質問の天才なのです。子どもの一番身近に居るのが母親ですから、当然質問を数多く受けることになります。そこで、子どもの質問に母親がどのように対応するかによって、その子の興味が広がっていくのか、しぼんでしまうのかも、決まるかもしれません。「好きこそものの上手なれ」と言います。幼児期においては、どれだけものを覚えさせるかということより、どれだけものに興味を持たせるかが重要になるように思われます。つまり、幼児期の子どもにおいては、いわゆる学問（勉強）をさせることより、学問心を育てる（将来、学問に取り組むための好奇心の芽を育て、考える習慣をつけさせる）ことが大切なのです。

玉川学園の創立者、小原國芳はその著『母のための教育学』（『小原國芳全集　第5巻』に所収）において、次のように書いています。「この疑いを解決せねばならぬという要求は、子どもほど強いです。しつこく子どもが根ほり葉ほり質問の連発をやりますのはそのためです。その時、子どもは貴い学問をやっているワケです。『子どもは哲学者なり』と言われるのもそのためです。子どもには何の打算もありませぬから、切実に真理を愛し、ドコまでも解決を迫ります」と。ちなみに、江戸時代後期から明治時代初期の哲学者であった西周（にしあまね、一八二九～一八九七）が、英語の〝philosophy〟を「哲学」と訳したため、今日もこの用語が通用していますが、もともと〝philosophy〟はギリシャ語の「フィロソフィア」（〝Φιλοσοφία〟）から出てきた言葉であり、「フィロソフィア」の意味は「愛知」、つまり「知を愛すること」なのです。子どもが「哲学者」と呼ばれるのは、まさに「知」を「知」として「愛」する存在だからなのです。

さて、そのような子どもたちの質問に対して、世の母親たちは、うまく対応できているでしょうか。毎日家事に、人によっては仕事にも追い回されている母親は、せっかくの子どもの「愛知（知を愛すること）」の精神からの質問に対応してやれないばかりか、時には、「うるさいね！　お母さんは今忙しいんだから」と子どもからの質問を拒否してしまってはいないでしょうか。そんなことをしたら、せっかくの子どもの求知心を萎えさせてしまうことにもなりかねません。この求知心こそが、学問心でもあるのです。先にも述べたように、文字を無理に覚えさせたり、何かの知識を教え込むよりは、子どもが本来有している知への興味を伸ばしてやること、つまり、学問心を育ててやることが幼児期においては大切なことだと思われるのです。

ここで、一つ具体的な実話を紹介しましょう。広中平祐（一九三一〜）博士といえば、数学界のノーベル賞といわれるフィールズ賞を受賞した、日本が世界に誇る数学者の一人です。一九五四年京都大学理学部数学科を卒業。大学院在学中の一九五七年にアメリカのハーバード大学に転学し、一九六〇年に同大学で博士号を取得されています。その後は、ブランダイス大学の講師・助教授・准教授を経て、一九六四年に三三歳でコロンビア大学の教授、一九六八年にはハーバード大学の教授になられました。フィールズ賞を受賞されたのは一九七〇年、三九歳の時のことでした。広中博士がフィールズ賞を受けられた研究の内容については、私には難しくてわかりませんが、各種の多様体上の特異点の解消に関する研究だったそうです。そのような難しい研究に挑んだ広中平祐博士が、『学問の発見』（佼成出版社、一九八二年）という本の中で、幼き日の自分の質問に、母親がどのように対応してくれたのか、興味深い思い出を綴られています。

子供の頃は誰しもそうだろうが、私も母に、いろいろなことをたずねた。数えの五歳頃だったと思うが、母と一緒にお風呂に入りながら、

「お湯の中では、どうして手が軽くなるの」

と、たずねてみたことがある。母は、いわゆるインテリとは正反対の人である。父同様、学問とはおよそかかわりのない人生を生きてきた母には、私のそんな質問に答えるだけの知識がなかった。

「声はどこから、どんな風にして出るの」

「鼻は、なぜ匂いを嗅げるの」

「眼はこんなに小さいのに、どうして大きな家や、広い景色が見えるの」

そのほか私はいろいろな質問をしたが、母はまず答えられたためしはなかった。

しかし母は、「わからない」とは言わなかった。「そんなこと、大したことじゃないけ、

考えんでええ」と、うるさがることもなかった。

「さあ、どうしてじゃろうな」

と母が首をかしげると、また私が質問した。

「どうしたらわかるじゃろうか」

すると、母は「大きくなって勉強したらわかるようになるんよ」と言いながらも、一緒に考え込んでくれるのである。


時には、その頃の町の数少ない知識人である神主や医者の家にまで、答えを求めて母親が一緒に行ってくれたこともあったそうです。広中博士は、このような母親に育てられることによって、「子供心に、ものを考えることは考えること自体に意味がある」ということを知り、「考えることの喜び」を身につけていかれたそうです。そしてこのことが、大数学者広中平祐を育てる「何にも代えがたい精神的財産」となっていったようです。「ここ一番という時に、より深く考える力、素養を身につけておくことは、親の手を離れる前に是非ともやっておくべきことだと思う」と、広中博士は自分の体験を振り返って書いておられます。

たとえ子どもの質問にきちんと答えられる知識がなくても、子どもの質問に真摯に向き合い、一緒に考えてやる、これなら、すべての母親に出来そうです。広中博士の言葉にもあったように、「わからない」とか、「そんなこと、大したことじゃないから、考えなくてもいい」とうるさがることなく、子どもと一緒に考え、学んでいこうという姿勢が、子どもの学問心を育てていくことに繋がると思われます。

# 14　徹底して「見守り」、「待つ」

## ――盲目のピアニスト、辻井伸行氏の母に学ぶ――

全盲のピアニスト、辻井伸行氏は今や世界的ピアニストです。私が、彼のピアノ演奏を初めて聴いた時（その時は、リストの「ラ・カンパネラ」でしたが）、私は感動して涙が止まりませんでした。まさに魂の演奏でした。私は楽譜も鍵盤もちゃんと見えるのに、練習に耐えられなくて途中でピアノを止めてしまいましたので、そんな自分のことを恥ずかしくさえ思いました。と同時に、辻井さんのお母さんは、全盲の伸行さんにピアノの才能があることにどうやって気付き、どのようにしてその才能を育てられたのか興味を抱くようになりました。

そんな時、私は二〇一〇年六月十三日の「朝日新聞」に、辻井伸行さんのお母さん、辻井いつ子さんの子育ての記を見つけました。伸行さんのお母さんは元フリーのアナウンサーだったそうです。一九八八年に誕生した伸行さんが全盲と分かると、持ち前のポジティブさと行動力で子育てに専念されています。そこには先ず次のように書かれています、「『何とかして、この子が楽しめることを見つけたい』という一心で、必死に息子と向き合って生きました」と。辻井さんのお母さんの凄いところは、全盲で生まれた伸行さんをあるがままに受け止め、たとえ伸行さんが全盲で、暗い世界に居ても、人生を前向きに生きて欲しいと願い、彼の「好きなこと」や「楽しいこと」を見つけて、それを応援しようと考えられたことでした。そして、伸行さんをジッと見守っていく中で、彼のちょっとした変化も見逃さず、伸行さんの音に関する才能をキャッチされたのです。

その時のことをこう記されています。「どん底に居た私に光が差し込んだのは、伸行が生後八ヶ月のとき。毎日かけていたCDを違う演奏家のものに替えたら、それまで大喜びしていた伸行の機嫌が途端に悪くなりました。私はそれを見て『この子は演奏の違いを聴きわけているんだ』と感じました」と。わが子の一瞬の変化を見逃すことのない母親の愛の力を見る思いです。辻井さんのお母さんは次のように続けています。「このとき、『赤ん坊に演奏の違いがわかるはずがない』と親の常識で決めつけていたら、今の伸行はなかったかもしれません」と。赤ん坊は大人に比べたら身体的な面で殆ど無能な状態に見えるために、私どもはついつい精神的な面でも無能な状態と見がちになります。しかし、辻井さんのお母さんは、赤ん坊を一人の「人間」として見たことによって、伸行さんの素晴らしい才能に気付くことが出来たわけです。

オランダの教育学者、ランゲフェルトは、「子ども人間学」の提唱者として有名ですが、彼は、「子ども人間学」という学問を、子どもを人間として、ただし「まだ小さい」という保留付きの「人間」として理解しようとする研究だとしています。辻井さんのお母さんは、ランゲフェルトを勉強されていたわけではないかもしれませんが、八ヶ月の赤ん坊であった伸行さんを尊厳ある一人の「人間」と見做して対応されたのです。その結果として伸行さんの素晴らしい才能に気付かれたのでした。

さらに辻井さんのお母さんは書かれています、「どうしたら子どもの才能を引き出せるか。それは、一言で言うと『親ばか』になるということ。子どもの可能性を信じて、よく観察して、『好き』や『楽しい』を見つける。『好き』を見つけたら、親はそれを伸ばす環境をつくり、一二〇%応援することです。親ばかになって思いっきりほめ、子どもの一番の味方である親が、子どものファン一号になればいいのですよ」と。もちろんここで辻井さんのお母さんの言う「親ばか」が、子どもの才能を過度に評価したり、他人に自慢したりするようなことでないことは言うまでもありません。それは、「ばか」といわれるくらいに子どもと真剣に向き合い、子どもの可能性を信じて、見守ることであったようです。どうやって伸行さんの才能をお母さんが伸ばしたのか、具体的な行動も興味を引きます。「思いっきりほめ」、その子の「味方」となり、「ファン」となることを主張されています。このような母親の存在があれば、子どもにとっては千人力でしょう。子どもは安心して前に突き進めるものと思われます。

しかしここで注目すべきは、お母さんにとっては子どものピアノにおける「成功」が目的ではなかったことです。つまり、辻井さんのお母さんは、伸行さんに「ピアニストとして成功させたい」と思って育てられたわけではなかった、ということです。辻井さんのお母さんは書いています、「たとえ伸行がピアニストとして大成しなかったとしても、好きなピアノを通して得た体験はこの子の自信になり、別のことをする上でも大きな財産になったはず」と。一般的に言っても、自信、自尊心、自分を肯定する力は、子どもが成長していく上で、非常に大切なものなのです。

最後に、辻井さんのお母さんは、伸行さんを育てていく中で「待つことを学びました」

と述べています。そして、「『好き』を伸ばそうとすれば、おのずと『待つ』姿勢が生まれてきます。性急に答えを求めず、可能性を信じて待つことが大事だと思います」と続けられています。

教育は「忍耐」だとも言えそうです。子育てに近道はありません。焦らず、休まず、辛抱強く、子どもの可能性を信じて、見守り、待つ姿勢を忘れないようにしたいものです。

## 15 「過保護」と言われる程の援助を

### ――天才ヴァイオリニスト、五嶋姉弟を育てた母――

二〇〇六年六月のある朝のこと、朝日新聞を開くと、「『過保護』で何が悪い」という新聞折込の「特集紙面」の見出しが目に飛び込んで来ました。よく見れば、五嶋みどり、五嶋龍という二人の世界的な天才ヴァイオリニストを育てた母、五嶋節《ごとうせつ》さんへの子育てインタヴューを、まるごと一面を使って記事にしたもののタイトルでした。私は、このタイトルに興味をそそられて、一気に読みました。

二人の子どもを世界的ヴァイオリニストに育てられたのですから、五嶋節さんの子育ては、「巨人の星」(梶原一騎作)の主人公、星飛雄馬に対する父親、星一徹のスパルタ式教育並の厳しいものだったのではないかと、それまで勝手に想像していました。しかし、そのインタヴュー記事を読み終わった私には、子どもの将来を思う、厳しくも優しい母親の純な愛情が強く感じられました。「ヴァイオリンを通して何事にも妥協せずに継続できる忍耐力、精神力を身に付けさせたかったんです」、「『これだけは誰にも負けない』という、自分に自信を持てるものを持たせたかった」という言葉から、最初から世界的ヴァイオリニストにするべく教育されたのではなく、人生を力強く生きていって欲しいという、母親としての基本的な願いを胸に子育てされたことがよくわかります。彼女の二人の子どもの場合、忍耐力、精神力を身に付けさせるため、自信を持たせるために使われたのが、たまたま母親の得意なヴァイオリンであったわけです。

五嶋節さんは早期教育についても、「音楽に限らず、三〜五歳頃の子どもは、誰もが天才といっていいほどのすさまじい吸収力を持っています。この頃、身に付けたものは一生忘れません。逆に間違ったことを身に付ければ、一生それを引きずります。子どもの将来を思えば、この時期に徹底的に厳しくしつけることは大切です」とインタヴューに応えています。モンテッソーリやいろいろな教育学者が幼児の吸収力の旺盛な「敏感期」等について述べていますが、五嶋節さんは、幼児の吸収力の旺盛な時期のことを、ご自分の経験から話されており、とても説得力があります。

習い事についても、「子どもが興味を持っている、ということは大前提です。それでも、単調な繰り返しが中心の習い事を子どもが途中で投げ出したくなるのは、当然です。そんなとき、親が粘り強く『もうちょっと頑張ってみようよ』と励ます。そして子どもがやりきった時は、一緒になって喜ぶ」と述べられています。「好きこそものの上手なれ」といいますが、やはり子ども自身が興味を示さないことを、親の希望だけでいくらやらせようとしてもうまくいきません。親も子どもと一緒の土俵に立って、子どもがうまくやれた時には我がことのように喜んでやることによって、子どもの習い事も持続していくようです。子どもにとって「母親が一緒に喜んでくれる」ということは、何よりも嬉しいことであり、励みになることなのです。

さて、このインタヴューの中で私が一番興味を抱いたのは、五嶋節さんが「過保護」について述べておられたことです。五嶋節さんは次のように言っています。「他人から過保護だと言われようと、関係ありません。子どもを大切にして、し過ぎることはないと思っています」と。一般的に「過保護」は誤解を受ける言葉ですが、なぜ誤解があるかといえば、それは時として「過干渉」と同じ意味で使われるからだと思われます。理にかなった要求であれば、わが子の要求をきちんと受け止め、最大限の援助をしてやるという意味の

「過保護」は、決して「過干渉」ではなく、子育てにおいてとても大切なことだと思われます。

このようなインタヴューに反響があってのことと思われますが、五嶋節さんは、翌年の二〇〇七年に出版社の要求に応じて自分の子育てについての本を書かれています。タイトルは、出版社が付けたのではないかと思いますが、『「天才」の育て方』（講談社現代新書）となっています。しかし、その内容は特別なものではなく、「子育ての基本」とも言えるものだと私には思えました。目次に沿ってみれば、そこには次のような内容が論じられています。①親子の間には共通の話題を通じたコミュニケーションがなければならない。②子どもが物事を学ぶ時は、上手な人のサル真似をさせることが大切である。③親は自分の子どもを「世界一」愛してあげなくてはならない、というように続いています。

①では、親子のコミニケーションが普段から大事であること、②では、「学ぶ」の基本は「まねぶ」＝「模倣する」であること、③では、教育には相手の幸せを願う愛が必要だということ、が述べられており、ここまでは、特に変わった教育論が展開されているとは思えません。興味をそそられるのは、この本においても、④子育ては過保護だって構わない、という内容が続いていることです。五嶋節さんの本音からすれば、「過保護だって構

わない」ではなく、たぶん「過保護ぐらいの覚悟をしなければ、子どもは育てられない」と言うことだったろうと思われます。

では、「過保護」と「過干渉」は具体的にどのように違うのでしょうか。児童精神科医の佐々木正美博士に、『抱きしめよう、わが子のぜんぶ』（大和出版、二〇〇六年）という著書があります。その中で佐々木博士は、「過保護」と言うのは、「子どもの言うことをよく聞いてやって、望んだとおりにしてやる」ことであり、そのことが、子どもを悪くすることはない、と断言されています。ところが、「過干渉」は「子どもが望んでもいないことをやらせ過ぎる」ことであり、子どもの自立をもっとも阻むものとされています。過干渉は、子どもが自分で出来ることなのに親が先回りしてやってしまったり、着せ替え人形のように、子どもが欲しいとも言わないのに、親が勝手に子どもに洋服を買い与え、おしゃれをさせて、自分が満足しているような状態だと見ています。子どもが望んでいることを、親も素晴らしいことだと共感し、援助の手を伸べる「過保護」とは完全に違うわけです。

佐々木博士は「抱っこしすぎたら、子どもはずっと抱っこを求めるようになり、しっかり歩かない子になるんじゃないか、などと心配するお母さんがいますが、そんなことは全くありません。抱っこしてあげる方がしっかり歩きます」とも述べられています。そこでは、子どもは自分が親から「愛されている」あるいは「保護されている」という安心感を実感することが出来、次の段階の行動に移って行きやすいからのようです。子どもの希望が妥当な場合には、その希望を出来る限り満たしてやるように、親としても努力する。これは年齢に関係なく、子どもと向き合う上で最も大切な心がけだと、佐々木博士は児童精神科医としての立場から断言されています。

世間では、「過保護」という言葉に対して、まだまだマイナスのイメージがありますが、「過干渉」とは本質的に違うということを心得たうえで、子どもの正当な望みであればそれを満たし、子どもの良さを最大限に生かしてやるため、愛情一杯に過保護に努めてみたら如何でしょう。世間から「過保護だ！」と言われても、五嶋節さんのように自信をもって、「過保護で何が悪い！」と言えるほどに。

# 16　子どもにとって「遊び」とは？

## ――フレーベルの「遊び」論を手掛かりに考える――

世界で最初に「幼稚園」(Kindergarten) を創立したのは、フレーベル (Friedrich Fröbel, 一七八二～一八五二) という人であり、一八四〇年、ドイツのチューリンゲンの森の中にあるバード・ブランケンブルクという村においてでありました。その「幼稚園」での子どもの保育の中心にフレーベルが据えたのが、「遊び」(Spiel) でありました。それはどのような理由からだったのでしょうか。フレーベルは「幼稚園」を創立する一四年前の一八二六年に、主著『人の教育』（小原國芳・荘司雅子監修、『フレーベル全集　第二巻』玉川大学出版部、一九七八年に所収）を執筆し、そこにおいて、子どもとはどのような存在であり、子どもにとって「遊び」とは何かを説いています。

フレーベルは、人間は神が創造したものであり、「神性」を有して誕生してくるものだと考えました。「神性」、つまり「神の性質」の大きな特徴は、①他から動かされることなく、自ら活動する「自己活動性」であり、②無から万物を産み出す「創造性」であります。人間の子どもはこの「自己活動性」と「創造性」を本質として有しているのであり、それが幼児期には「遊び」を通して、内面から外に表れ出ると考えたのでした。否、「遊び」そのものが、自己活動であり、創造活動そのものと言えるのです。この点について、フレーベルは右記の著書において次のように述べています。「遊ぶこと、または遊びは、この時期（幼児期）における人間の発達、すなわち子どもの生活の最高の段階である」と。それはなぜかと言えば、フレーベルは、「遊びとは・・・子どもが自己の内面を自ら自由に表現したもの、自己の内面的本質の必要と要求とに応じて、内面を外に現したものだからである」としています。

それゆえに、フレーベルによれば、「遊び」は幼児期における「子どもの最も純粋な精神的生産」ともいうべきものでした。このように考えたフレーベルは、子どもの幼児期の「遊び」は「それ自身において喜びであり、自由であり、満足であり、また平静であり、さらにまた、外界との平和であり、人にもまたこれらの感じを与えるものである」と結論づけています。つまり、幼児期の子どもの生活の内容は、主として「遊び」であり、幼児期においては「遊び」こそが「学習」なのです。

ところが最近では、幼稚園の園庭で子どもたちが遊んでいると、「あそこの幼稚園は遊ばせてばかりいる」と言ってきちんと保育していないように思う人も多いようです。そのためだけではないでしょうが、仮名や漢字、挙句の果ては英語まで教えている幼稚園も少なくないようです。時代は変わっても、幼児教育の手段は「遊び」でなければいけないと思われます。子どもにとって「遊び」とは、大人が考えるような楽しみごとや時間つぶしではなく、この「遊び」を通して、子どもの有する「知性」の芽も、「感性」の芽も、「理性」の芽も、また「健康」な身体さえも育っていくものなのです。幼児は、遊ぶ中で創意・工夫する楽しさや、新しい世界を発見する喜びを知り、他の子どもとケンカすることを通して、譲り合いを覚えます。また複数の子どもたちが一緒に遊ぶ中で、順番を守ることと、いろいろなルールに従うことの大切さなども学んでいくのです。

ところで、最近読んだ新聞（『読売新聞』二〇一〇年五月二五日付の朝刊）に「外で遊ぶと学習意欲向上」「探究心、知的好奇心を刺激か」という見出しの記事が載っていました。記事によれば、「子供時代に外で活発に遊んだ人ほど、本を読む割合や大学進学率が高い」というものでした。これは、国立青少年教育振興機構が調査したものですが、調査に携わった千葉大学の明石要一教授（教育社会学）は「子供が外で遊ぶことで、探究心や知的好奇心を刺激し、学習意欲も向上させるのでは」としています。

調査は、全国の二〇～六〇歳代の男女五〇〇〇人と、小中高生一万一〇〇〇人を対象に実施したもので、「川や海で泳いだ」「友達と相撲をした」など三〇項目をもとに、外遊びの体験豊かなグループとそうでないグループとに分けています。それによりますと、「体験豊か」という大人のグループは、一ヶ月に本を一冊以上読む人の割合が七一％にのぼり、少ないグループ（四七％）より二四ポイント高かったそうですし、最終学歴が大学以上（五〇％）という人も「少ない」グループより五ポイント多かったといいます。

さらに、この調査では、「外遊びのうち、海や川で遊んだ経験のある人が六〇歳以上で半数以上にのぼるのに対し、今の中高生は四割に満たない実態も浮かんだ」と指摘しています。右記の新聞記事の最後に、明石教授が、「学校や家庭は、子供が外で遊ぶ機会をもっと増やす努力をすべきだ」と提言しています。

では反対に、幼児が外で遊ぶこともなく、勉強ばかりしていたら一体どうなるのでしょうか？これまた最近の新聞（『読売新聞』二〇一〇年一月一二日付の朝刊）に「〇歳からの『脳トレ』過熱」と題して、興味深い記事が載っていました。新聞によれば、昨今の「脳科学ブーム」と相まって、乳幼児の時期から学力をつけたい、という教育熱が高くなっているといいます。

ベネッセ教育研究開発センターの調査によりますと、習い事をしている一～六歳児の割合は、二〇〇〇年に四九・四％だったのが、二〇〇五年には、五七・五％に増えたそうです。さらに二〇〇九年の調査では、三～六歳児の母親の約二割が運動や音楽以外の学習塾や教室に通わせ、五割以上は教材などで「家庭学習」させているというから驚きです。

新聞には後半部で、宮崎市の主婦（四四歳）が実際に子どもに教材で家庭学習させた結果がどうなったかの実例を挙げています。宮崎市のこの主婦が、「最新の脳科学研究で、教材の効果は実証されています」という販売会社の女性の言葉を信じて、幼児用教材を買い始めたのは二〇〇一年のことだったといいます。「『勉強好きで吸収力の高い子になれば』と、生後三ヶ月過ぎの長男に、数字、ひらがな、アルファベットのほか、星座や元素記号などが描かれたカードを繰り返し見せた」そうです。その結果、長男は次々に覚え、主婦はその成果に喜び、三歳までに約四〇万円を使ったというのです。

しかしその後どうなったのでしょうか？新聞の記事によれば、「今、小学三年になった長男は計算問題が得意で、中学レベルの英単語も知っている」そうですが、「協調性が無く、ささいなことで友達とトラブルを起こし、自分から勉強することは無い」といいます。その主婦は、当時の教材を見せながら、「すべて早期教育のせいではないんでしょうが、一方通行で詰め込みすぎたと思う」と悔しそうに話されたということです。

さて、フレーベルの話に戻りますが、フレーベルの主著、『人の教育』の全訳を日本で初めて完成させたのは玉川学園の創立者小原國芳であり、それは昭和四（一九二九）年のことでした。小原はこの本の中に出てくる〝Spiel〟を「遊び」ではなく、「遊戯」と訳しましたが、幼児の教育において、いかに「遊び」が重要であるのかを主張した一人でした。フレーベルは右記の本において、幼児期に遊びに没頭できた子どもが、大人になっても仕事に集中出来るようになると述べていますし、ベネッセが二〇一六年に行った調査においても、園で「遊び込む経験」の多い子どもの方が、小学校以降の「学びに向かう力」も高いことを明らかにしています。子どもにとっての「遊び」の意味を今一度確認する必要がありそうです。

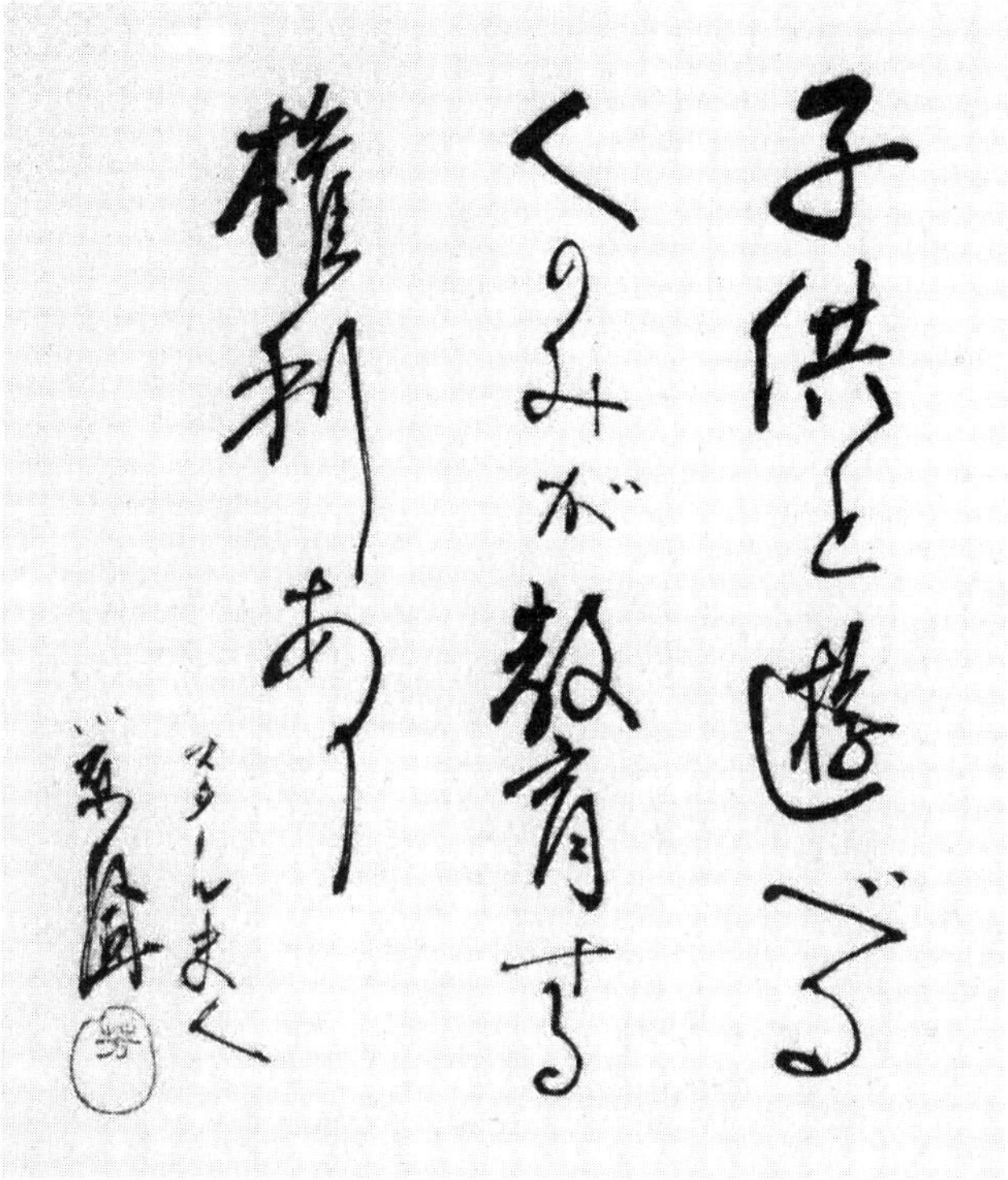
子供と遊べる
人のみが教育する
権利あり

# 17　遊びの中で子どもの「自制心」も育つ

## ――モンテッソーリの教育を通して考える――

フレーベルが一八四〇年に創設した幼児教育施設に「幼稚園」(Kindergarten)と命名して以来、多くの国で幼児教育施設はこのように呼ばれて今日に至っています。だが、一九〇七年、自らが創設した幼児教育施設を「子どもの家」(Casa dei Bambini)と呼んだ人がいます。イタリア生まれの幼児教育家、モンテッソーリ(Maria Montessori, 一八七〇－一九五二)です。

モンテッソーリ教育では、「子どもは、生まれながらに自らを成長・発達させる力を持っており、大人(教師)は、その要求をくみ取り、自由を保障し、子どもたちの自発的な活動を援助する存在に徹しなければならない」という考え方が基本になっています。そのため教師の役割は、子どもたちが一〇〇パーセント自己教育力を発揮できるように、きちんと環境を整え、適切な教具を準備、配置して、子どもたちに使い方を提示し、子どもたちが満足するまで、繰り返し活動できるように配慮してあげることなのです。つまり、教師は「教える人」ではなく、子どもを観察し、子どもの自主的な活動を「援助する人」と見做されているのです。

モンテッソーリの教育を実践する教師には、何よりも子どもたちを注意深く観察し、それぞれの子どもたちの要求に沿って、その時々に必要な援助を提供する注意深さが求められているわけです。また、子どもたちが集中して遊んでいる（正確に言えば、モンテッソーリの「子どもの家」では、「遊び」とは言わずに「お仕事」と呼ぶ）時に、それを妨げない心遣いや、子どもたちの自主性を「待つ」姿勢も重要となります。

現存する「子どもの家」を実際に訪ねてみますと、どの部屋を見ても、そこには「教具」がたくさん並べられています。子どもたちの自己活動を引き出すために、子どもたち一人ひとりが好きな時に、自由に使用できるように工夫されているのがよくわかります。

ところで、日本の多くの幼稚園では、三歳児の部屋、四歳児の部屋、五歳児の部屋というように、同年齢の集団でクラスが編成されていますが、モンテッソーリの「子どもの家」では、縦割り保育が行われており、どの部屋に行っても、そこには三歳児も、四歳児も、五歳児も一緒に生活しています。家庭には、兄弟姉妹が居り、助け合いながら生活していますので、そのような形態こそ自然なものとモンテッソーリは見ていたわけです。

ですから、モンテッソーリの「子どもの家」では、三月に各クラスから六歳児へと成長した子どもたちだけが卒園していき、四月になるとそこに新しく三歳児になったグループが入ってくるだけなのです。四歳児、五歳児になった子どもたちは、前年度と同じように、登園して自分の部屋に来るなり、自分たちの要求にしたがって、気に入った「教具」を自分のところに持ってきて、そこで遊ぶ（仕事する）のですが、入園してきたばかりの三歳児たちは、お兄さんやお姉さんたちがどのように遊んでいるのかをジーッと観察することから始まります。そして、自分たちも興味を持って、遊びたい教具を見つけるようになると、教師の援助を受けながら、その教具でお仕事を始めることになります。

「子どもの家」では、子ども自身が教具を選び、誰にも妨げられることなく、好きなだけその遊び（仕事）に取り組むことが出来るという「自由」が保障されています。だが、時には、何人もの子どもたちが、同じ教具に同時に興味を持って、遊びたくなることもあるわけです。ところが、その部屋にはせいぜい三組ほどしか同じ教具が置かれていません。

従って、子どもたちは待たざるを得ないときも出てくるわけです。モンテッソーリの「子どもの家」では、さらにたくさんの教具を用意することはないようです。それでは子どもの興味や自己活動が満たされなくなるのではないか、という声も挙がりそうですが、モンテッソーリ教育では、子どもたちの「自己活動」を満足させることと併せて、他人が使っている時は、それを強引に取りに行くのではなく、他人がその教具で遊び（仕事し）終わるのを「待つ」ことも、保育の重要な要素と考えているように思われます。

モンテッソーリにとって、子どもたち各自の「自己活動」を満足させることは重要なことですし、その子の自由な活動を尊重することは必要なことです。しかし、いくら自分がその教具で遊びたいと思っても、他の子が遊んでいる時には我慢して、待って、他の子の遊びが終わった時点で、自分の自己活動を始めることが大切なのです。自分の自由な自己活動を発揮するために、他人の自由な自己活動を邪魔してしまっては、それは本当の意味での「自己活動」ではなくなってしまいます。

この点についてモンテッソーリは、「自由の中で子どもがよろこんで仕事をし、自己活動を通して文化を習得することによって、規律が子ども自身のうちから生ずる」（モンテッソーリ著、K. ルーメル・江島正子共訳『モンテッソーリの教育法・基礎理論』エンデルレ書店、一九八三年）と述べています。自由と規則の原理は、モンテッソーリ教育における基本原理の一つなのです。自分がどんなに使いたい教具であっても、他人が使っている場合は、「我慢して待つ」という体験の中から、自ずと子どもの「自制心」も養われていくものと思われます。

自分の「自由」を尊重することは、同時に他人の自由をも尊重することでなければならないことは、分かり切ったことでありますが、つい忘れがちになることのように思われます。家庭にあっても、他人とのさまざまな共同生活の中であっても、このことを子どもたちが守っていけるよう、大人たちは働きかけを続けたいものです。

# 18　心で見なければ、物事はよく見えない

## ――「星の王子さまミュジアム」を訪ねて――

「星の王子さまミュジアム」（正確には「サン＝テグジュペリ・星の王子さまミュジアム」）が、一九九九年、箱根の仙石原にオープンしました。私もそのことは知っていましたし、気になってもいましたが、なかなか訪れる機会がなく、二〇〇二年の三月、初めて足を運びました。ミュジアムの中は、フランスの街並が再現されていて綺麗でしたし、屋内の展示の内容も予想以上によく出来ていました。サン＝テグジュペリの諸作品、とりわけ『星の王子さま』をじっくり見直すことが出来ました。

この本はフランス語で書かれ、原著のタイトルは〝Le Petit Prince〟（ル・プチ・プリンス）で直訳すれば『小さな王子さま』なのですが、訳者の内藤濯氏は、一九五三（昭和

二八）年に岩波書店から日本語訳の初版を出すにあたり、内容から見てその訳を『星の王子さま』とされました。ロマンチックな響きがあり、これは実に名訳だと思います。

そもそも王子さまが住んでいた星は、活火山が二つ、休火山が一つ、バラの花が一輪しかない小さな星でした。そこで王子さまは、一輪しかないバラの花に水をやったり、おおいをかけたりして、精一杯面倒をみていたのですが、そのバラの花との間にちょっとした心の行き違いが生じてしまい、王子さまはある日、自分の住んでいた星とバラの花に別れを告げ、いろいろな星を巡る旅に出たのでした。

王子さまが最初に訪ねた星には、臣下が一人もいないのに名目だけの支配権にこだわっている「王さま」が、二番目に訪ねた星には、他人に感心されてパチパチ拍手してもらうことだけが楽しみの「うぬぼれ男」が、三番目に訪ねた星には、酒に溺れて自分自身を忘れ去ろうとつとめる「呑み助」が、四番目に訪ねた星には、空の星を金貨にみたてて計算し続ける「実業屋」が、五番目の星には、空虚な机の上だけの学問に自己満足する「地理学者」や、六番目の星には街灯に火をともす「点燈夫」がいました。私どもは、これらの男たちをただ笑ってはおられないでしょう。これらの登場人物たちの性向は、私ども自身の中にも見られる一面であり、程度の差こそあれ、現実世界の多くの大人の中に見られるものだからです。サン＝テグジュペリの人間を観る目の鋭さが感じられます。

六つの星めぐりを終えた王子さまが、七番目の星として訪ねたのが地球でした。王子さまが最初に降り立ったのは、人影もない砂漠でしたが、そこで初めて出会ったのが黄色のヘビでした。「砂漠って、すこしさびしいね」と言う王子さまに対し、ヘビは「人間たちのところにいたって、やっぱりさびしいさ」と応えます。孤独とは、単に一人で居ることではなく、大衆の中での孤立もまた孤独である、と言いたかったに違いありません。

さて王子さまは、砂漠と岩と雪とを踏みわけて、長い道のりをさらに歩いて行きます。すると、たくさんの花が咲きそろった庭に出ました。そしてそれらが、みんなバラの花だと知って、王子さまは大変淋しい気持ちに襲われます。王子さまは言います、「ぼくは、この世に、たった一つという、めずらしい花を持っているつもりだった。ところが、じつは、あたりまえのバラの花を、一つ持っているきりだった」と。

そこにキツネが登場します。友だちになったキツネに促されて、王子さまは、たくさんのバラの花が咲いている庭にもう一度戻ってみた時、星に残してきた一輪のバラの花が、自分にとってかけがえのない大切なものであることに気付かされました。そこでキツネはこう言います、「心で見なくちゃ、ものごとはよく見えないってことさ。かんじんなことは、目に見えないんだよ」と。『星の王子さま』の主題は、キツネが放つこの言葉の中に展開されているように思います。

日頃、私どもはいろいろなものを見ています。しかし、私どもの肉眼でみえるものは、現象の世界、外側の世界、物質の世界であり、それがこの世の全てという訳ではありません。目に見えるもの、計算出来るものにのみ執着していては、人間にとって本当に大切なものを見失ってしまいます。内側の世界、心の世界、「かんじんなこと」は、心の目で見なければ見えないのです。

さて、もう一度『星の王子さま』へ戻ってみましょう。地球上のバラの花も、王子さまのバラの花も、第三者の目から見たときは姿・形は同じかもしれません。しかし、王子さまにとって、自分の星に残してきたバラの花が「かけがえのない大切なもの」に感じられたのは、王子さまが、自分で水をやり、覆いを作り、精一杯の面倒をみたものであったことを、心の目で見て悟ったからでした。そこでさらにキツネは言っています、「あんたが、あんたのバラの花をとてもたいせつに思ってるのはね、そのバラの花のために、時間をむだにしたからだよ」と。あるものが自分にとって大切なものになるのは、「時間をむだにしたから」とサン・テグジュペリはキツネに語らせていますが、ここで言う「時間をむだにした」は、単なる「時間の浪費」ではないでしょう。「時間をむだにしたから」は、「手間をかけ、暇をかけたから」という意味に解していいのではないでしょうか。

教育の仕事は、まさに子どもに「手間をかけ、暇をかけ」て、独り立ちさせていくことでありましょう。手間をかけ、暇をかけ、さらには金をかけて子どもを一人前に教育することは、親にとっては大変苦労を伴うものです。しかし、それだけ手間をかけ、暇をかけて教育するからこそ、子どもはいっそう愛しい存在となってくるのです。

表面だけ、目に見える部分だけで「この子はこういう子どもだ」などと規定せず、心の目でしっかりと子どもの内面や子どもの全体を見て、その子の可能性を広げてやり、愛情と責任をもって教育して、子どもを自立させていきたいものです。

# 19 「育てるとは、自信をもたせること」

## ――教育者としての三原脩監督――

今の若い人には、「日本のプロ野球界には、そんなに名称が変更になったチームがあるの?」と言われそうですが、私が小学生だった昭和三〇年代、セ・リーグには、「巨人」、「阪神」、「広島」、「中日」の他に、「国鉄」(現在の「東京ヤクルト」)それに「大洋」(現在の「横浜DeNA」)の六球団がありました。他方、パ・リーグの方はすっかり変わってしまい、「西鉄」(現在の「埼玉西武」)、「南海」(現在の「福岡ソフトバンク」)、「阪急」(現在の「オリックス」)、「東映」(現在の「北海道日本ハム」)、「大毎」(現在の「千葉ロッテ」)、「近鉄」(合併・消滅した後、現在は「東北楽天」)の六球団がありました。時代が移り、それぞれの球団の本拠地も変わりましたが、今なお、プロ野球に夢中だった小学生の頃がなつかしく思い出されます。

当時のセ・リーグで強かったのは「巨人」でしたが、パ・リーグでは私が小学生時代を送った福岡の「西鉄」でした。「巨人」の監督は水原茂氏、「西鉄」の監督は三原脩氏。この両監督の采配も、小学生ながらに興味を持って見たものです。とりわけ、三原脩監督のことが今なお忘れられません。三原監督には知将をはじめとして、反逆児、風雲児、奇策の士、魔術師等々、さまざまな異名が付けられていましたが、今あらためて三原監督の言行を振り返る時、その真骨頂はきわめてすぐれた教育者であったように思われます。

三原脩氏は昭和二六年の春、当時の「西鉄ライオンズ」の監督に就任していますが、監督在位九年の間に、西鉄をパ・リーグの優勝に四回導き、昭和三一年からの三年間は連続日本一にも導いています。とりわけ、一九五八（昭和三三）年の巨人との日本シリーズでは、三連敗した後に四連勝して日本一をもぎ取りました。当時私は、福岡県の片田舎、三橋町立（現、柳川市立）二ッ河小学校の五年生。大の「西鉄ライオンズ」ファンでした。テレビが今ほど普及していない時代でしたので、ラジオに耳を傾けながらの応援でしたが、優勝の瞬間は感動のあまり、大きな歓声をあげたことを覚えています。

九州の弱小球団だった「西鉄ライオンズ」を日本一に導くために、三原監督は、中西選手、豊田選手、仰木選手、稲尾投手等を育て上げましたが、「選手を育てるということはつまり、自信を持たせることですよ」というのが、口癖だったそうです。もちろん、自信をつけさせるために、どの選手にも共通する公式などあるはずはありません。三原監督は状況に応じて、あるいは選手の個性に応じて、さまざまな操縦術を駆使したといいます。例えば、気弱な大打者、中西太選手がホームランを打ったりすると「さすが、大打者だ！」などと褒め言葉をかけたそうです。

また、豊田泰光選手は水戸商業高校からの入団ですが、一年目からショートの守備をまかされました。しかし高卒一年目の豊田選手にとっては大変なことでした。打撃は新人離れして優秀だったのですが、守備は問題でした。大事な時に、よくトンネルや悪送球など派手なエラーをしたのです。それが原因で負けた試合もあるほどでした。エラーする度に、相手チームのファンはもちろん、西鉄ファンからも激しいヤジが飛び、さらには、親会社の幹部も「豊田を使うな！」と三原監督に迫ったといいます。しかし三原監督は「野球のことは自分に任せてもらいたい」と頑固に突っぱね、豊田選手に対しては「エラーなんか気にするな、その分はおまえのバットで取り戻せ！」と言って励まし、強引に実践で鍛えたのでした。打撃で自信を持ったその結果、豊田選手は守備でも頑張って力をつけ、自信を持つようになり、一年半後には名遊撃手へと成長したのでした。

「角を矯（た）めて牛を殺す」という言葉があります。力が強くて畑仕事でもよく働き、また乳も豊富に出すなど、優れたところが多かった牛でしたが、持ち主は、牛の角の曲がり方が気になりました。それがその牛の欠点と言えば欠点でした。そこで持ち主は、完璧な牛にしたいと思い、その牛の唯一の欠点である曲がった角を、真っ直ぐに矯正しようと叩いたり、引っ張ったりしました。すると、その牛は力が弱って畑でも働けなくなり、乳も出さなくなってしまい、遂には死んでしまいました。これは、部分に気をとられ過ぎる余り、かえって全体を駄目にしてしまうことの例えです。それが転じて、欠点ばかりに気をとられ、それを直すことばかりしていると、せっかくの長所までも台無しにしてしまう、という意味でも使われています。三原監督は、「角を矯めて牛を殺す」ことなく、豊田選手の長所を伸ばして自信を持たせ、短所を克服させたのでした。

パ・リーグの「西鉄」を率いて、九年間の内に三回の日本一へと導いた三原脩監督でしたが、何と一九六〇（昭和三五）年には、セリーグの万年最下位の「大洋ホエールズ」の監督に就任しました。三原脩氏は大洋監督就任の際のインタビューで「セ・リーグは『巨人』だけが毎年のように優勝しているが、それではつまらない。風雲を巻き起こすチームに『大洋』を仕上げたい」と話しています。ここに三原監督の美学もありました。

そのような三原脩監督に対して、「（日本一の）西鉄と（万年最下位の）大洋とでは、だいぶ選手の力が違うでしょうね！」と記者から問われた時、三原監督は「ちっとも違わないよ。選手なんてそんなに違っていたら大変だ」と答えています。そして監督一年目で、「大洋ホエールズ」をセ・リーグ優勝のみならず、日本一に導き、「大洋ホエールズ」の選手の力が「西鉄ライオンズ」の選手の力と「ちっとも違わない」ことを証明したのでした。

当時の記録によれば、他球団に比べ、大洋が選手を特別補強したわけではありませんでした。早稲田大学から近藤昭仁選手のような優秀新人内野手の獲得はありましたが、その外には何も特別の補強はなかったのです。ですから、三原監督はほとんど現有勢力でペナント・レースに臨んだのでした。秋山登選手ら投手力はすばらしいものがありましたし、打力の劣勢があったとはいえ、ほどほどの選手がいたのです。

何が問題だったかと言えば、チームが負け慣れして士気が下がっていたことでした。選手たちは、自分たちの持っている力を十分に発揮出来ないでいたのです。それを引き出したのが、三原監督なのでした。秋山投手とバッテリーを組んでいた土井淳捕手は、当時のことを振り返り「三原さんはわれわれの中で眠っているものまで引き出してくれた」と書いています。ここにも、三原監督の教育者としての一面を見ることが出来ると思うのです。「教育」のことを英語ではeducation、ドイツ語ではErziehungと言いますが、educationにしてもErziehungにしても、ともに「引き出す」という意味があるのです。

三原監督の指導方法の素晴らしさは、まさに欠点を直させるのではなく、隠れた長所を見つけてその可能性をさぐり、選手に自信をつけさせるように指導した点にあったように思われます。「人間に一番大切なのは自信なんです。学校の教育も根本的には同じではないんですか」という、三原脩監督の言葉が思い出されます。

高松市の「中央公園」（高松球場跡地）に立つ、「西鉄ライオンズ」
ユニホーム姿の「三原脩像」（撮影：石橋）

# 20 「自信」が「自己肯定感」につながる

## ――子どもの「良さ」を認める大切さ――

日本の子どもたちは、セルフ・エスティーム（self-esteem）が西洋の国々の子どもたちに比べて低いと言われます。「セルフ・エスティーム」を辞書で引くと、例えば『ジーニアス英和大事典』には、「自尊心」、「うぬぼれ」とあります。「セルフ・エスティーム」を「うぬぼれ」に近い感覚で受け取るとあまりいい印象を受けないため、教育上、この言葉が使われる時は、「自己肯定感」とか、「自尊感情」と表現する場合が多いように思われます。

「自尊感情」とは他人より優れているという感覚ではありません。自分自身を価値ある存在だと感じる感覚なのです。つまり、自分を大切に思える気持ちのことです。ですから、

「自己肯定感」と言ってもいいものです。「自分は自分のままでいいんだ！」と自分を肯定できる力、これが、子どものその後の人生においても、「生きる力」になるものと思われます。それだけに、子どもの時にこの「自尊感情」を持つことは重要なことと言えます。

それでは、この子どもの自尊感情はどのようにして獲得されるものなのでしょうか。子どもは自分に「自信」が持てる時、そこに「自尊感情」も得られるように思われます。子どもは誰にでも、長所もあれば、短所もあります。得意なこともあれば、不得手なこともあります。それら全てを含んで、自分がかけがえのない存在だと感じられるように、子どもに接してやることが大事になってきます。

私は若い時、ドイツに留学しました。大学での教育学研究だけではなく、機会をとらえて、現地の小学校（Grundschule ＝基礎学校）へも参観に行きました。ドイツの子どもたちはどのようにして「自尊感情」を得ているのだろうか、という興味もありました。ある日、テュービンゲンの公立小学校の参観で親しくなった教師に、「先生は、小学校教育において、何を一番大事にしておられますか？」と尋ねてみました。その教師は、ベテランと言える年齢に達せられた先生でしたが、「私は若き日に、先輩の先生から、〝Kraft durch Freude〟（喜びを通しての力）という言葉を教わりました。今もこの言葉を大事にしています」という返事をもらいました。「良い行い、良い質問、良い答え、ファインプレー、いつでも子どもの良い点が見られるときは、思い切りほめています」とも付け加えられました。

子どもの良いところを先生が褒めれば、子どもは褒められたことを喜び、先生から自分が認められたことを感じるに違いありません。これが、「自分はこれでいいんだ！」という子どもの「自信」になっていると思われます。その延長線上に、子どもが意識しているかどうかは別として、「自尊感情」の獲得もあるような気がしました。

ところで、ドイツの教育と言えば、子安美知子著『ミュンヘンの小学生－娘が学んだシュタイナー学校－』（中公新書、一九七五年）が大ヒットになり、ひと頃シュタイナー学校が日本でも大きくもてはやされました。通信簿のない学校、一人の同じ担任の先生が八年間持ち上がる、オイリュトミーといわれる舞踊がカリキュラムに必修になっている等々、興味深い教育がその本で紹介されたのです。シュタイナー学校は、実はミュンヘンだけではなく、ドイツ国内にも多数あり、今では世界中に存在しています。実は私が留学中に住んでいたテューービンゲンにもシュタイナー学校がありましたので、ある日見学に出かけて行きました。

シュタイナーという教育者は、若き日にゲーテ研究も熱心にやった人で、ゲーテの色彩学に倣《なら》って、教室の壁の色が学年や教科の違いによって異なっていたのには驚きました。

さらに、教師と話している時、「私共は、ある子どもを見る時、他の子どもと比べません」と言われた一言が強く印象に残り、今も明確に思い出されます。その先生によれば、「君はA君より絵が優れている」とか、「君はB君より成績が悪い」とは言わず、君は先学期に比べると成績が良くなっているが、よく頑張ったね」とか、「君は先学期より成績が落ちているが、何かあったのかな?」というように、その生徒の中で比較すると言うことでした。他人と比較しない。ここにも、その子の存在を一番に考えることによって、その子の「自尊感情」が大事にされていることが感じられました。

人間の能力には、学力のようにしっかり数字となって表現できるような「認知能力」もあれば、表面的には見えにくい「非認知能力」もあります。「忍耐力」や「思いやり」や、ここで問題にしている「自尊感情」は後者に属しますが、これらは、幼い時から親や教師が気をつけて育んでやる必要がありそうです。

相田みつを氏の『にんげんだもの』(文化出版局、一九八四年)の本の中に、「トマトとメロン」という詩が載っています。

トマトにねえ、いくら肥料をやったってさ、メロンにはならねんだなあ。

トマトとね、メロンをね、いくら比べたって、しょうがねんだなあ。

トマトよりメロンのほうが高級だ、なんて思っているのは、人間だけだね。

それもね、欲のふかい人間だけだな。

トマトもメロンもね、当事者同士は、比べても競争もしてねんだな。

トマトはトマトのいのちを、精一杯生きているだけ。メロンはメロンのいのちを、いのちいっぱいに、生きているだけ。

トマトもメロンも、それぞれに、自分のいのちを、百点満点に生きているんだよ。

トマトとメロンをね、二つ並べて比べたり、競争させたりしているのは、そろばん片手の人間だけ。当事者にしてみれば、いいめいわくのこと。

「メロンになれ、メロンになれ、カッコいいメロンになれ！　金のいっぱいできるメロンになれ！」と、尻ひっぱたかれて、ノイローゼになったり、やけのやんぱちで、暴れたりしているトマトが、いっぱいいるんじゃないかなあ。

メロンはトマトより高級だと言っても、トマトに代わることはできません。トマトには、サラダの材料になったり、ケチャップの材料になったりして、メロンには出来ない役割があります。A君にはA君の、B君にはB君の良さがあり、それは他者によって代われるものではないのです。子ども自身が自分をきちんと評価して受け入れることが出来るようにするために、さらに、自分の意見がきちんと言えて自己決定できるようにするために、子どもに自信を持たせる教育を心がけたいものです。

# 第3部

# 子育てに励む母親、幼稚園・小学校教諭に期待されること

愛

# 21「母の行動、子が見て学ぶ」
## ――京都大学霊長類研究所からの報告におもう――

「母の行動、子が見て学ぶ」――　これは、二〇一一年七月五日、「日本経済新聞」（朝刊）に出た記事の見出しです。もちろん人間の親子のことを言っているわけではありません。人間の親子のことであれば、新聞のニュースになどならないでしょう。人間の社会にあっては「学ぶ」＝「まねぶ」＝「まねる」であり、「学ぶこと」は他人がしていることを「まねる」こと、つまり模倣することから始まることについては、すでに周知の事実だからです。その見出しは、チンパンジーの母親の行動をチンパンジーの子どもが見て学んだ、という京都大学霊長類研究所における実験結果を伝える記事の見出しなのです。人間だけではなく、他の動物にも「学び」があるのではないか、と長い間言われてきましたが、今回それが証明された格好です。短い記事ですので、ここに引用してみます。

京都大学霊長類研究所は四日、チンパンジーが別のチンパンジーの行動を見よう見まねで学ぶことを実験で確かめたと発表した。人間以外の動物でこうした行動がわかったのは初めて。チンパンジーと人を比べると学習効果など脳科学の研究に役立つという。

英オックスフォード大学と共同で研究した。成果はドイツの比較認知科学専門誌（電子版）に掲載された。野生のチンパンジーでは、アフリカの一部の地域に木の実を石で割って食べる集団がいる。子どものチンパンジーは大人の行動を注意深く観察して似たような行動をする。他者の行動をまねてできるとは思われていたが、証明はされていなかった。

研究チームは、実験時に三一歳だった母親のアイと八歳のオスの子どものアユムそれぞれにタッチパネル式のモニターを見せた。母親に画面の赤や緑の記号を選ぶ問題を解かせた。その様子を少し離れて見ていたアユムは、自分のモニターに表示された問題を母親と同じように解答した。

以上が新聞の記事の全文です。私はこの新聞の記事が出る二年前（二〇〇九年八月二日）、玉川大学脳科学研究所が京都大学霊長類研究所所長の松沢哲郎教授を招いて「特別講演会」（その時の演題は「人間の親子関係と知性の進化－チンパンジーの研究から－」というものでした）を開いた際、アイとアユム親子の話を聴いたことを思い出しました。

松沢教授がアイとアユム親子の観察をする中でわかったことは、チンパンジーと人間とでは、子育てのやり方がかなり異なっているということでした。チンパンジーの子育ての第一の特徴は、母親が独力で子どもを育てること、第二の特徴は、一度に一頭の子どもだけを育てることだそうです。チンパンジーの子どもの場合、生後三ヶ月間はずっと母親にしがみつき、抱かれたままの状態、しかも授乳期間が約三年半と長く、その間は母親の排卵が止まるため、およそ五年に一度しか子どもを産まないといいます。だから母子の絆は固く、一頭を大事に育て上げてから、次の子育てにかかるということでした。

さらに、アイの息子、アユムの行動についても、興味深い説明を聴きました。例えば、数字の記憶課題に取り組むアユムの様子を映像で見せてもらいましたが、画面に「1」から「9」までの数字をアットランダムに出していくと、現われる数字の順番を覚えて、出てきた数字をその順番にあわせて指摘していったのです。その能力には、驚かされました。松沢教授によれば、人間にもかってはそのような短期記憶能力があったようですが、ものを象徴化して認識する表象形成能力や、言語能力、想像力などを進化させていくうちに徐々に退化してしまったのだそうです。

その時の松沢教授の話の中には、アユムがアイの真似をする話は未だ出てきませんでしたが、西アフリカ、ギニアの奥地にあるボッソウという村のチンパンジーの話の中に、今回の発見、確認を予感させるものがありました。ボッソウ村のチンパンジーは石器を使うことで知られていますが、松沢教授によれば、大人のチンパンジーが硬いアブラヤシの種を石で割るのを観察されていたところ、すぐ近くでその様子をじっと見ていた子どものチンパンジーが、やがて大人のチンパンジーの真似を始めたそうです。つまり、大人のチンパンジーが割ろうとしていたアブラヤシの種をひょいと横取りして、見よう見真似で石を使って叩き始めたというのです。この様子をつぶさに観察された松沢教授は大変驚かれたようですが、子どものチンパンジーの行動について「真似しなくてはいけない理由は無いのですが、なぜか真似をするんです。たぶん『親と同じことをやりたい』という強い動機付けが子どもたちにはあるのでしょう」と述べられていました。

西アフリカのチンパンジーに、「教える」という概念はなくとも、「真似する」、つまり「学ぶ」ということがあることを知った松沢教授は、この視点からアイとアユムの観察を続けられ、アイの行動をアユムが真似している（学んでいる）ことを実験観察されて、今回の公表となったのではないかと思われます。

長い間、チンパンジーとヒトとは同じひとつの生きものだったそうで、チンパンジーはサルではなく、ヒトの仲間だそうです。だからこそ、松沢教授は「チンパンジーの研究は単なる動物の行動研究ではなく、人間の心を探る研究でもある」と言われるのです。身近な存在の真似をするということは、チンパンジーと人間に共通することのようです。

とは言っても、万物の霊長としての人間は、チンパンジー以上の進化をした存在であり、その子どもは、より一層精神的な繋がりを持った母親から大きな影響を受け、成長していくものです。一番身近な母親の話す言葉を真似し、母親の行動を真似し、母親の好きなものを好きになり、母親の嫌いなものを自らもまた避ける傾向は強いものです。母親の価値観は、子どもの価値観の基礎にもなっていくのです。

スイスの教育者、ペスタロッチーは「居間の教育」を大切にし、母と子の関わりを教育の第一歩と考えました。「母親は、自分の子どもの身体面における最初の養育者であると同時に、神の思し召しにより、その子の精神面における最初の養育者でなくてはなりません」と、彼は『シュタンツ便り』（前原寿・石橋哲成共訳、『ゲルトルート教育法・シュタンツ便り』玉川大学出版部、一九八七年に所収）の中で述べています。人間形成の初期において、いかに母親が重要な任務を担っているか、認識を新たにする機会となりました。

# 22 「まねる」だけが学びではない

## ――仲間との遊び・試行錯誤の大切さ――

二〇一七年一〇月一四日に「胎児に心はあるのか」というタイトルで、「生命尊重センター」の主催により、京都大学大学院教育学研究科の明和政子教授の特別講演会が開かれました。時間の都合がつかず、その時は講演を聴きに行くことが出来ませんでしたが、その後、「生命尊重ニュース」(二〇一八年四月号)に、その時の講演の内容が収録されました。右記の問題をめぐって、チンパンジーとヒトとの比較が私には面白く、興味深く読みました。明和教授は、京都大学教育学部時代に京都大学霊長類研究所を訪問、チンパンジーと心が通じ合ったような気がされたそうで、チンパンジー研究者になろうと決心されたといいます。同大学大学院教育学研究科博士後期課程を修了すると、愛知県犬山市にある同大学霊長類研究所の研究員になられ、松沢哲郎教授のもとで一〇年余研究されたのでした。

明和教授によれば、チンパンジーはこの地球上に生きている動物の中で、最もヒトに近い動物だそうです。遺伝子ゲノムレベルでの差で言うと、わずか一・五％の違いしかないと言います。霊長類が地球上に誕生したのが今から約六五〇〇万年前。ニホンザル、チンパンジー、ヒトの系統的な関係から言うと、この三種の祖先は二五〇〇万年前までは共通の祖先として生きていたそうで、ニホンザルの祖先が先ず分岐したようです。その後もチンパンジーとヒトの祖先は同じ種として生き続け、両者の祖先たちが別の道を歩き始めたのは、七〇〇〇～八〇〇〇万年前のことだったそうです。地球の誕生から四六億年、原子生物が地球上に現れてから三八億年が過ぎていることを思えば、つい最近まで、チンパンジーとヒトの祖先は一緒だったわけです。

明和教授が話されている内容の中で、特に私の興味を引いたのは、「ヒト特有の心のはたらきの特徴の一つは『サルまね』する能力をもつ」ということでした。「サルまね」と言うので、私どもは、サルこそ物真似が得意であるかのような錯覚を持っています。現に、三省堂の『大辞林』を開いても、「さるまね（猿真似）」の項目には、「猿が人の動作をまねるように、他人のすることの表面だけをまねること」という説明があったりします。ところが、明和教授によれば、「サルまね出来るのはヒトだけ」であり、「『サルまね』という表現は実は誤りだった」と言われるのです。以前私は別の随想で、チンパンジーの子どもが親のチンパンジーの真似をしたという京都大学霊長類研究所の発見が、著名な科学雑誌に載ったことを紹介しましたが、チンパンジーの子どもが「まね」をすることは、それほどに画期的なことであり、決して一般的なことではなかったのです。

ここで新たな疑問も出てきます。小さい時に群れから離されて、動物園で人間の手によって育てられたサルは、成熟しても雄は交尾が出来ない、あるいは、雌にしても、群れで育った雄のリードで交尾ができ、妊娠して子どもを産むことが出来たとしても、子育てはしないということを、動物園の飼育係の方が書いておられるのを読んだことがあります。それを私は、動物園で人間によって育てられたサルは、仲間の群れの中で、成熟したサルたちの行動を見て成長していないから真似できない（＝学んでいない）、と考えていました。逆に、仲間の群れのなかで育ったサルは、群れの環境の中で自然と、それらを「真似ている」（学んでいる）ものと考えていました。しかし、ことはそんなに単純なことではありませんでした。

この点を明和教授に確かめたところ、仲間の群れのなかで育ったサルが親たちと同じような行動が出来るのは、確かに学習の成果には違いないが、その学習は「模倣による学習ではなく、幼少期から集団の仲間と『遊び・試行錯誤』を通じての学習」があるからではないか、と答えてくださいました。確かに、「学ぶ」は「マネる＝まねぶ」、即ち模倣からも始まりますが、それだけが学習ではなく、遊び・試行錯誤していく経験を通しての学習もあるのです。辞書で「学ぶ」を引いても、①勉強する、②習得する、③マネをする、等と併せて、④経験することによって知る、というのがあります。「社会集団での経験の蓄積、試行錯誤による日々の学習」が、チンパンジーの場合、大人に成熟した後の、交尾や子育ての学習の基盤となっているわけです。

先ほどから見ているように、人間はチンパンジーにとても近い存在であり、人間においても同じようなことは起こりうるわけです。「（チンパンジーの社会にあって）幼少期に社会集団においてさまざまな年齢の仲間とコミュニケーションする経験をはく奪された個体は、成熟した時に交尾や子育てに問題が起こりやすくなる」という明和教授からいただいた指摘は、人間の子育ての問題を考える時にも、非常に重い言葉として、私たちに迫ってくるような気がします。

一点でも偏差値の高い学校に入れと、親にお尻を叩かれ、友だちと遊ぶことを制限され、学校でも進学塾でも競争心をあおられ、コミュニケーション能力が育たなかった子どもが、果たして成人した時点で社会の中でしっかり生きていけるのか心配になります。ヒトだけが「まねる」という行為を出来るのですから、子どもが大人から良きことを沢山まねて学べるように、大人は常に子どもの模範たりうる行動をとらなければなりません。が、それだけではなく、子どもが集団の中で、遊びや試行錯誤を通じて様々な学びを得られるように、環境を整えていくことも、大人に課せられた大きな任務と言えるのではないでしょうか。

## 23　子どもを生かす魔法の言葉

――教育の第一歩は、子どもを受け入れる言葉から――

教育というものは、親であれ教師であれ、子どものありのままを受け入れるところから始まると思います。児童精神科医の佐々木正美先生も、「この子はこの子のままでいい！」とこちらが思えた時、その子はイキイキと輝き出す、と言っておられます。子どもは、ありのままの自分を受け止め、受け入れてくれる教師にのみ心を開いてくれるようですし、そこに信頼も芽生えるように思われます。教育の最終目的は、子どもを自立した人間にすることですが、自立させるためだと言って、やたらと突き放し、厳しく接するのは決して良いことではありません。それは逆効果になってしまう時があります。先の佐々木正美先生の別の言葉を借りれば、「子どもが将来しっかりした自立をしていくためには、十分な依存体験がなくてはならない」、つまり、子どもというのは「依存と反抗を繰り返しながらでないと自立しない」（佐々木正美著「思春期の精神保健」（小原哲郎編『思春期の教育』、玉川大学出版部、一九九一年に所収）ということです。子どもに自立することを求める前に、大人は、子どもの気が済むまで十分に依存（甘え）させてあげることが大切なようです。

上野動物園の園長をされていた中川志郎さんが、動物の子育ての場合、そこには例外なく、①「抱いて」、②「下ろして」、③「離して」という順序がある、ということを書いておられるのを読んだことがあります。「離して」、つまり自立の前には「抱いて」、あるいは「抱いて」と「下ろして」を繰り返す依存の時期が前提としてあるというわけです。人間も動物です。反抗する自分をしっかり受け止めてもらい、十分に依存させてもらってこそ、しっかりと自立していけるのだと思います。

随分前から問題になっている不登校やひきこもりも、子どもの側からの一種の「反抗」だと考えることも出来ます。こうした問題行動をとることで、それが無意識の行動であったとしても、子どもは自分を受け入れてくれるのか、つまり、「依存」させてくれるのかを知ろうとしているようにも思われるのです。

かって私は、玉川学園中学部からの同級生、福岡良さんのブログを通して次のようなことを知りました。福岡さんがある音楽会に行ったところ、永六輔さんが司会だったそうでありますが、司会進行の合間の話の中で、女優岸田今日子（一九三〇〜二〇〇六）さんが小学生の頃一時不登校だったこと、さらに、教師の一言がきっかけで学校へ行くようになったことについて話されたそうです。「岸田今日子さんは映画『破戒』、『砂の女』で名演技をみせてくれた女優さん」と言っても、ご存知ない方がいるかもしれませんが、「アニメ『ムーミン』で親しまれた声優さん」と言ったらわかるかもしれません。

さて、小さい頃の岸田今日子さんは引っ込み思案の少女で、いつもお母さんのスカートの陰に隠れていたということです。小学校へ行くようになってからもその傾向は変わらず、とうとう不登校になったのでした。一学期が終わろうというのに、岸田さんに学校へ行こうとする様子は見られず、とうとう夏休みが始まってしまいました。ある日、母親の秋子さんは岸田さんに向って、「今日子！　学期の途中からでは学校へ行きにくいかもしれないから、夏休みが終わったら、学校へ行ってくれない！」と言って頼んだそうです。母親が熱心に頼むし、岸田さんも「一日だけだったら行ってもいいかな！」、「学校へ行って嫌だったら、また行かなきゃいいや！」と思い、二学期の始業日には学校へ行く約束をしたというのです。

夏休みはアッと言う間に終わり、二学期の始業日を迎えました。学校へ行くと早速クラスでは、担任の先生が子どもたちを一人ずつ呼び寄せ、夏休みの宿題を見ながらの面談が始まりました。いよいよ岸田さんの番になりました。もちろん岸田さんは夏休みの宿題なんか全然やっていません。ところが、担任の先生は岸田さんの真っ白な絵日記を開くなり、「絵日記を書く時間が無いくらいに、充実した夏休みだったのね！」と言って、そこに花丸をつけてくれたというのです。「この先生だったら、私のことを受け入れてくれる」と岸田さんが思ったのかどうかはわかりませんが、岸田さんは、担任の先生のこの言葉と行動がきっかけとなって、翌日から毎日学校へ行くようになったそうです。

何も描かれていない、真っ白な絵日記に花丸を付けることが正しい教育評価なのかどうか、いろいろ意見も出てくることでしょうが、この時点での担任の先生にとっては、「宿題もやらないで、夏休み何してたの！」と叱って正論を唱えることより、先ずは学校へ来させることの方が教育的には重要だったのです。私は、岸田さんへの教師のこの一言とその行動は、岸田さんのその後の人生を生かすことになったのではないか、と思っています。

児童文学者の灰谷健次郎氏は、ヤミ市でサツマイモのしっぽまで食べた話を作文に書き、それが皆の前で先生に褒められたことが作家を志す遠因になったそうですし、黒柳徹子さんは小学生の頃、「声が変だ」と言われて暫くは黙りっ子になっていたのが、ある先生から「いい声ね」と褒められたことで、人前でも沢山話が出来るようになったと聞いたことがあります。教師の一言は、子どもを生かす魔法の言葉となるのです。もちろん、注意しないと、その反対の結果を生むこともあり得るわけですが。どんな時も、子どもをあるがままに受け止め、子どもを生かす言葉をかけてあげられる教師でありたいものです。

# 24　母親の「過干渉」が小学校教育を潰す？

## ――「過干渉」と「過保護」の違い――

散髪屋での待ち時間に、テーブルの上にあった週刊誌に目をやると、『女性セブン』（二〇一八年三月二二日号）の表紙に「小渕優子議員／小学生の息子／学級崩壊！緊急保護者会の悲鳴」という見出しが載っていました。どういうことだろうと興味半分に読んでみました。見開き二ページの記事でした。

記事の内容は、①東京二三区内でも、特に行政が教育に力を入れているというX地区で起こった、②小学校、しかも低学年のクラスで学級崩壊が起こり、緊急保護者会が開かれた、③そのクラスの子どもの中には衆議院議員の小渕優子氏の息子もいた、ということから書き始められていました。週刊誌の見出しは、まさにこれらのことを大きくアッピールしたものでした。

興味半分に読み進んで行ったのでしたが、「子育て」を考えるにあたっても、重要な事柄が含まれているように思えました。記事によれば、「中学・高校でグレた不良たちが授業を妨害する――そんな光景は、実は減りつつあり、逆に増えているのが、小学校、しかも低学年での学級崩壊」だというのです。白梅学園大学教授で学級崩壊に詳しい増田修治氏が、小学校高学年や中学、高校の学級崩壊は、自立心の芽生えや、規則やルールへの反骨心、思春期特有の感情の起伏などから先生の言うことを聞かなくなって起きるが、「小学校低学年の学級崩壊はそれとはまったく違うメカニズム」で起きている、ということも説明されていました。つまり、小学校低学年の学級崩壊の原因は、児童たちの「先生にかまってほしい」という気持ちからのものだというのです。

増田氏はさらに続けています。「たとえば授業中、児童の一人がおしゃべりしたりふざけたりすると、先生はすぐにその子を注意します。すると、行儀よくしていた他の子が、〝私も先生の言うことを聞かなければ、かまってもらえるんだ〟と思ってしまう。先生への〝反抗〟ではなく、先生の気を引きたいという〝甘え〟が、結果的に学級崩壊につながっていきます」と。先生の気を引きたいという〝甘え〟があることは、一面では子どもの自然な気持ちだとも思えますが、今回の問題には、どうも母親と子どもの関係が絡んでいることが、問題を大きくしているようです。

つまり、かまって欲しい子どもが増えている理由は、親、とりわけ母親と子どもとの関係の変化にあるようです。先の増田氏は、この点について次のように続けています。「親が子どもに『過干渉』になったことで、子どもが家の外でも誰かに頼ったり、甘えたり、かまってもらうことが当たり前だと思うようになりました。・・・今は一人っ子も多いですし、親がつきっきりでかまってくれるのに慣れた子が増えた」と。結果的には、親の子どもへの「過干渉」が、学級崩壊の原因になっているというのです。

私は、別の随想の中で、二人の世界的ヴァイオリニストを育てた五嶋節さんについて触れた際、「過保護」を取り挙げました。「過保護」と「過干渉」、親が子どもに存分の愛情を注ぐと言う意味では、非常に似た二つの概念のように思えますが、この二つの概念は全く違うということをその際に述べました。その時にも紹介しましたが、児童精神科医の佐々木正美博士によれば、「過保護」と言うのは、「子どもの言うことをよく聞いてやって、望んだとおりにしてやる」ことであり、そのことが、子どもを悪くすることはない、と断言されています。ところが、「過干渉」は「子どもが望んでもいないことをやらせ過ぎる」

ことであり、子どもの自立をもっとも阻むものとされています。繰り返すことになりますが、この二つの概念の決定的な違いは、「過干渉」は親が子どもの要求や行動よりも「先回り」すること、それに対して、「過保護」は少なくとも子どもの意欲や行動が先にあり、これを親が後ろから、精一杯手助けすることなのです。

親から必要以上に世話を焼いてもらうことに慣れてしまった子どもは、自分で何かをやる前に、先生にかまって欲しいものと思われます。やはり、子どもの要求に先回りせず、子どものやることを後ろから見守り、助けを求められて、それが妥当するものであれば、精一杯援助してやるという姿勢が、母親には求められている気がします。

そんなことを考えている時、同年六月二一日の「朝日新聞」の夕刊に、料理研究家のウー・ウェンさんの母親の言葉が紹介されていました。「後ろに立ってあげなさい」というものでした。ウー・ウェンさんは、北京から東京に来て結婚。母の味を思い出しながら夫のために作った家庭料理が評判を呼び、日本で料理研究家として歩み始めましたが、二人目の子どもの出産後は仕事をしながらの子育てで、予想以上にハードな日々を送られたようです。

ある時、日本の雑誌社からの北京料理取材を引き受け、二歳半の長女と六カ月の長男を連れて久しぶりで北京の実家に帰られました。両親に二人の子どもを預かってもらい仕事を終え、夕方に帰宅した時のこと、取材で疲れていたせいもあったでしょうが、ウーさんは、子どものささいな振る舞いが目につき、声を荒げたといいます。その時、ウーさんのお母さんの言葉が飛んだのです。「どうして怒らないといけないの?」と。ハッと胸をつかれたウーさんは、ではこんな時、「どうすればいいの?」と問い返しました。そこで返ってきたお母さんの言葉が「指示を出すより、子どもの後ろに立ってあげなさい。何をしているかよく見えるでしょう」というものでありました。

それ以後ウーさんは、「口を出すのは子どもが行動してから」と、心に決めたそうです。「先回りして言った方が楽。でもそれは自分の気が済むだけのこと」とウーさんは書いています。さらにウーさんによれば、これは料理にも通じているといいます。「自分の作意を先行させず素材を中心に据え、後ろから支える気持ちで観察する。すると何が必要か見え、食材の持ち味を引き出すことができる」と。「後ろに立つ」ということは、子育てにはもちろん、料理にも共通して大事なことのようです。

# 25 「よい子育て」と「うまい餡づくり」

――手間かけ、暇かけることの大切さ――

「手間かけない、暇かけないで、これかける！」一頃、ある会社の「朝漬けの素」のコマーシャルで、このような文句が流れていました。おもしろい宣伝文句だな、と微笑みながら聞いていました。この会社の「朝漬けの素」は確かによく出来ていて、実際に使ってみると、ほどほどの味を出していました。子育てに苦労されているお母さん方の中には、子育てにもこのような即席の「子育ての素」でもあればいいな、と思われた方があるかもしれません。

しかし、子育てには、残念ながらこのような即席「子育ての素」はありません。人間の子どもは「手間かけ」「暇かけ」てこそ、はじめて「人間に成っていく」のです。否、「手間かけ」「暇かけ」てこそ、「しつけ」も可能となり、他人からいちいち言われなくても、自主的に出来るようになり、一人前の人間に成長していく基礎が出来るように思われます。「食事の前に手を洗う」ことでも、幼児は一回言って出来るようになるわけではありません。「〇〇ちゃん、手を洗ってきたかな?」「あら、忘れたの。はい、洗ってらっしゃい!」このような繰り返しがあってこそ、食事の前に手を洗うという習慣も出来ていくように思われます。一回言って守れなかったからといって、「食事の前には手を洗え、と言ったでしょう!」と叱って、親が強制的な行動に出るようであれば、それは「しつけ」ではなくて、「おしつけ」になってしまい、いつまで経っても自主的にやる習慣は身につかない可能性だってあります。丁寧語には「お」を付けるからと言って、「しつけ」の丁寧語が「おしつけ」というわけではないのです。よい子育ては、手間・暇かけて、お母さんがじっくり子どもと向き合い、関わりあっていくことから始まるのです。

これは料理についても言えそうです。母親がじっくり手間をかけ、暇かけて作るのが「おふくろの味」です。母親は、家族のために愛情込めて、時間をかけて料理を作ります。ですからそれは、尊敬の念を込めて「おふくろの味」と言われるのではないでしょうか。手間暇かけずに、レンジでチーン、三分間で出来上がるのはレトルト食品。これはまさに

「ふくろ（袋）の味」でしかありません。時と場合によっては、レンジでチーンして出来上がるレトルト食品も重宝なものですが、母親の料理がいつもそのようなものでは、愛情不足、栄養不足な料理になりかねません。

手間かけ、暇かけての子育ては「しつけ」、手間かけ、暇かけての料理は「おふくろの味」です。私どもは間違っても、「しつけ」の代わりに「おしつけ」、「おふくろの味」の代わりに「ふくろの味」にならないよう、注意が必要だろうと思います。

ところで、皆さんは「銀座あけぼの」という老舗のお店をご存知でしょうか？お煎餅が有名ですが、和菓子も美味しく、甘党の私は、「銀座あけぼの」の柏餅や水大福が大好きです。この「銀座あけぼの」の和菓子の餡（あん）作りについて聞いたことがあります。餡をただ作るだけであれば、炊きあがった豆を絞って水気を取り、それに砂糖を入れて、もう一度煮さえすれば出来るようですが、それでは「餡」は出来ても、「うまい餡」にはならないようです。甘みを抑え、まろやかな味に仕上げるには、水をたっぷり入れ、手間、暇かけてじっくり煮込むことが必要なのだそうです。「銀座あけぼの」の餡は確かに、甘ったるさが無く、口当たりよく出来上がっている、と私には思えます。

よい子育ての場合と同じように、うまい餡作りの場合も、やはり愛情こめて、手間、暇かけることが肝心なようです。「銀座あけぼの」の女社長、細野佳代さんは玉川大学教育学科の卒業生で、かって小学校での教育実習の経験もあります。「子育ても、餡つくりも一緒ですよ！」と、細野さんは言うかもしれません。

# 26　子どもが生き生きとする「空間」とは？

――高山岩男教授の「場所」論に学ぶ――

哲学者、高山岩男博士（一九〇五～一九九三）は、小原國芳玉川大学元学長の京都帝国大学哲学科における後輩です。西田幾多郎、朝永三十郎、波多野精一といった京都哲学黄金時代の先生方を共通の師とされていたため、小原國芳元学長とは思想的にも相通じるものがあり、玉川大学に教育学専攻の大学院（玉川大学大学院文学研究科教育学専攻）が創設された時、乞われて教育哲学の授業を担当されました。

高山博士には、哲学上のいろいろな功績がありますが、西田幾多郎博士の「場所論」の影響を受けつつ、独自の「場所論」を展開されたことは有名です。高山博士には、『場所的論理と呼応の原理』（創文社、一九七六年）という名著がありますが、高山博士は、西田博士が使われた「場所」という言葉を「場」と「所」に分けて、「個」が「場」に呼応した状態、つまり「個」がその「場」（環境）にピタリと合致した状態を「『個』が『場』において『所』を得た」状態だと説明されました。講義の中ではわかりやすいように、次のような例も挙げられました。茶室の床の間には通常掛け軸が掛かっているわけですが、その掛け軸が単に形式的に掛かっているのではなく、その茶室に違和感なく溶け込んでいる、つまり、その掛け軸の字や絵が、「まるでこの茶室のために書（描）かれたのではないか」とさえ思えるほどにその茶室に融和している時、「その掛け軸（個）は、その茶室（場）において、所を得た」状態だと言うことが出来る、と。

　この理論は、家庭や学校における事象にもあてはまることだと思います。ひと頃、帰宅拒否のサラリーマンが話題になったことがあります。家庭の主人といえども、自分の家庭に安らぎの空間がなければ、家庭において所を得ることができないことになります。その場合、家には帰りたくなくなるのです。同じように、ある子が登校拒否を起こしたとすれば、それは、その子にとって通うべき学校が、安心して学校生活を送る環境になっていない可能性があります。その子にとっては、単に教室の中に空間的に自分の席があるというだけでなく、気持ちよくその教室に通えるかどうかが問題となるのです。その子が気持ちよくその教室に通え、その教室の中に自分が存在する意味を感じられてこそ、「その子は、その教室において、所を得ている」状態とみなすことが出来ると思われます。もちろん、子どもの中には、学校には特に問題がないのに、登校拒否を起こすケースもあり得ますので、場所論だけで云々することは出来ませんが。

高山博士は、先に挙げた『場所的論理と呼応の原理』という書の中で、「個が所を失ったときに、初めて課題が成立するのである。そして、課題が解決に達するということは、個が場の中に新たな所を得ることをいうのであり、このとき場は元の場ではなく、新たな秩序をもつ場となっているのである」と書かれています。未だ小さい子どもたちは、場において所を失った状態からなかなか抜け出ることが出来ないで、小さい胸を痛めている場合も多いものです。家庭にあっても、家庭に代わる施設にあっても、はたまた学校にあっても、そのような子どもたちを丸ごと受け止めてやり、安心して生き生きと生活できる空間を用意してやることが大人たちの大きな役割でもあろうと思います。

ドイツの教育学者ボルノー（O.F. Bollnow, 一九〇三〜一九九一）も、高山博士と同時代を生きた学者ですが、その著『教育的雰囲気』（〝Die pädagogische Atmosphäre〟＝黎明書房から一九七一年に刊行された。森昭・岡田渥美共訳では『教育を支えるもの』と邦訳されている）において、「被護性」（die Geborgenheit）という空間について言及しています。包まれ、護られている空間のことですが、このボルノーの被護された空間にも、高山博士の言う、「個」が「所」を得た「場」に似たものがあるように思われます。「自分は包まれ、護られている」と実感できる空間、安心して生き生きと生活できる空間や場においてこそ、子どもたちは心身ともに健やかな成長を遂げることが可能になると考えられます。

# 27 相手を尊重し、思いやる言葉かけを！

## ――言葉は殺意も抱かせるが、感動も与える――

一九九八年一月、栃木県黒埼市の公立中学校で、女教諭が男子生徒にナイフで刺されるという、悲しい事件が起こりました。事件は、「朝日新聞」（一九九八年一月三〇日朝刊）によれば、だいたい次のような経過をたどって起こったものでした。

件《くだん》の男子生徒は二時限目と三時限目の休み時間に保健室に行き、さらにトイレに寄ったため、女教諭担当の英語の授業に一〇分ほど遅れて着席したそうです。この時、女教諭から「トイレに行くのに、そんなに時間かかるの」ととがめられたといいます。級友らの話によりますと、生徒は無造作に着席すると、ノートを音たてて大きく開き、シャープペンの芯を出さないまま、ノートに文字のようなものを書いています。当然のことながら、ノートは破れたのでした。その辺までは、女教諭もジッと生徒を見守っていたようですが、授業が進んで行くうちに件の男子生徒は、付近の生徒と漫画の話題などで雑談を始めたため、女教諭は「静かにしなさい」と再び注意したようです。授業が終わる直前になって、生徒は教壇の方向をにらみつけて「殺してやる」と言ったそうです。生徒のこの一言は女教諭には届かないほど小さかったのですが、殺意を持ったのは事実だったようです。女教諭は授業後生徒を廊下に呼び出し、もう一度注意をしたようですが、口論になった末、約五分後に刺されたのでした。

この日の女教諭の生徒への対応が間違っていた、とは言いきれません。もしかしたら、双方に積もり積もったものがあったのかもしれません。しかし、この日の女教諭の生徒への注意の仕方、言葉のかけ方に一工夫あったら、こんな事件は起こらずに済んだのではないか、とも私には思われるのです。

女教諭は生徒に対して、「トイレに行くのに、そんなに時間かかるの」と言ってとがめていますが、生徒は、お腹の具合が悪くて、時間がかかったのかもしれないのです。もし女教諭がこの時、「○○君、お腹の調子はもう大丈夫?」とでも尋ねていたらどうだったでしょうか。生徒は、実はおしっこだけだったかもしれませんが、「もう大丈夫です!遅れてすみません！」というような答えが返って来たかもしれません。さらには雑談していたので、女教諭は「静かにしなさい！」と注意していますが、「そこで話しているのは、何か質問があってのことかな？」とでも言葉をかけていれば、「質問はありません！」という言葉が返ってきて、雑談は止んだかもしれないのです。

私自身も若い頃は変な正義感があり、学生たちに対して、時に激しい言葉を使っていたことを反省しています。例えば、近くにベンチの席がなくて困っている学生が居るのに、ベンチで横になって寝ている学生がいるのを見ると、つい「おい、起きろ！　ベンチは寝るところではなく、座るところだろう！」などと注意していたように記憶しています。すると、「すみません！」と言って起きてはくれましたが、どこか反抗的な匂いがないわけでもありませんでした。

いつの頃からか「おい、そんなところで寝ていると風邪引くぞ！」というように言葉かけを変えると、「有難うございます。ちょっと横になったら、ついつい寝てしまいました」と気持ちよく起き上がってくれるようになりました。ベンチで寝ているのを起こす、という目的は同じでも、こちらの言葉かけの違いによって、学生たちの反応は明らかに違うのです。聖書に「やわらかい言葉は憤りをとどめ、激しい言葉は怒りを引き起こす」という箴言があるようですが、なるほどと思います。

最後に、感動的な言葉かけについて、私が読んだ本から一つ紹介してみたいと思います。学生の頃読んだ一冊に、英文学者池田潔氏（一九〇三〜一九九〇。その間、一九四五から一九七一まで慶応義塾大学教授）の『自由と規律』（岩波新書、一九六三年）があります。この本は、池田氏が少年時代に学んだイギリスのパブリック・スクールの一つであるリース校（The Leys School）での生活について書いたものです。全寮制のこの学校では、池田氏が「寄宿というよりも、監禁という言葉がふさわしい」と記しているほど、特権階級の子弟に厳格な規律を徹底的に教えたようです。自由は、規律があって初めて認識され、育まれる、という考えがあったからでした。どれほど規則が厳しかったかというと、例えば、外出は週に一度と制限され、さらに学校側から理髪店、洋服店も指定されており、その店以外に行くことは、絶対に許されなかったようです。

しかしある日、池田少年は学校から指定された店ではなく、別の設備のいい理髪店に行ったのだそうです。するとその時、隣の席に座って散髪をしてもらっている客がよりによって校長先生だったというのです。絶体絶命のピンチ。池田少年は厳しい処罰を覚悟したようですが、その時、隣の席から「突然話しかけて失礼だが」という声が聞こえてきたのだそうです。耳を傾けると、「私の学校にも日本人の留学生がいる。もし会ったら伝えてくれたまえ。この店には来れないことになっている」と言ったのです。何と素晴らしい対応なのでしょう。池田少年への校長先生のこのような言葉かけには、感動さえも覚えます。

厳しい言葉で生徒を押さえつけるのではなく、思いやりのある温かい言葉をかけることで生徒をいい方向へ導く、そんな教師でありたいとつくづく思います。

## 28 「教師は水車たれ！」
### ――小原國芳の教師論――

学校教育は教師と生徒との関係の上に成り立つものであり、人はこれを「教育的関係」なる言葉をもって呼んでいます。言うまでもなく、教育的関係のあり方は現実には一つではなく、いろいろと考えられるのであり、それがどのような状態にあるかによって、教育の効果もまた変わってくると言えましょう。つまり、教師が生徒に対して、望ましい教育的人間関係を確立することは、正常な教育活動を行うための重要な前提となります。

玉川学園の創立者、玉川大学の元学長小原國芳は、「全人教育」の提唱者として知られていますが、その著『師道』（玉川大学出版部、一九七四年）の「序」において「教育の結論は教師であります。いや、政治も、外交も、産業も、文化も、一切が人であります。

中でも特に、教育こそは『人』であります」と述べて、教育において教師のあり方が如何に重要であるかを強調した一人でした。そして、講義や講演の際は、時として、「教師は水車たれ！」という言葉で、教師の生徒に対する関わり方を説明しました。

「教師は水車たれ！」とは、一体、教師のどういう生徒に対する関わり方を言おうとしたのでしょうか。この言葉の意味を考える前に、先ず、小原國芳の甥であり、京都大学の鯵坂二夫名誉教授の説いた教育的関係の類型について見てみましょう。鯵坂教授はその著『教育原論』（玉川大学出版部、一九七六年）の中で、教育的人間関係を大きく三つに分類しています。それによれば、第一は「権力関係」であり、第二は「平等関係」であり、第三は「指導および被指導の関係」です。

第一の「権力関係」においては、教師は支配する者、命令する者であり、生徒はそれに対して、支配され、命令される者と考えられます。このような間柄にあっては、権力や威力はあっても、愛や信頼は存在しないのであり、また服従や随順はあっても、自主性や主体性は考えられないのです。つまり、このような教育的関係にあっては、生徒は教師の命令に服従するか、あるいは反抗するかのいずれかであり、前者を選んだ者は、いわゆる従順で善良な生徒と呼ばれ、後者を選んだ者は、問題児として遇されやすいのです。このような教育的関係にあっては、真の指導がなされないのは明白なことです。しかしながら、このような関係は戦前・戦中に最も多く存在した教育関係であり、現在でも、一部では見られるようです。

第二の「平等関係」は、第一の権力関係とは極端に反対の立場をとるものであり、同僚関係、あるいは友人関係に近いと考えられるものです。単なる同僚として見る立場と、その間に一つの友情関係を見ようとする立場では違いがあるでしょうが、いずれにしても、このような考えの根底には、教師と生徒との間の同一性、同一権が前提としてあるのが特徴です。確かに「権力関係」においては、生徒の人間性に内在する正当な権利を認めず、権力によって生徒に服従を強要したことは誤りです。しかしだからと言って、両者の同一や同権を直ちに主張するのは、余りにも極端すぎると思われます。ここにおいては、成熟者としての教師の援助や指導性が希薄にならざるをえないのです。

第三の「指導および被指導の関係」という教育関係は、前の二つを弁証法的に統合しようとする立場です。つまりここにおいては、先ず指導者としての教師の優位を一応は認め、それに対する被指導者としての生徒の服従をも容認するものではありますが、さらに生徒の人間性に内在する正当な権利をも認めようとするものです。

ですから、教師の生徒に対する優位は、権力による優位ではなく、子どもに対する「愛」と「信頼」を持ちつつ、教師の全人格をもってする優位、「権力」との対比によって言うならば、「権威」による優位とも言えるものです。生徒の教師への追従は、決して教師への恐怖からくる盲従ではなく、積極的にその人格を敬い、その実力を渇仰《かつごう》しようという内心の自律的な追従なのです。「この先生の言うことであれば・・・」という畏敬と信頼とをもって生徒が先生に従うとき、教師の生徒に対する指導に効果が上がるであろうことは、疑いのないところでありましょう。

ところで、ご存知の方もあるかとは思いますが、昔の日本の農家では川や堀から田んぼに水を引き入れるのに、人力の「水車」を使っていました。小川の流れの途中に据えられて、水の流れによって自らも回り、杵《きね》に連動して粉を引く「水車」もありますが、ここで話題にしているのは、田んぼに水を引き上げる水車です。この水車は一部が川や堀の水に浸かっていなければ、空回りばかりして田んぼに水を入れることが出来ません。かと言って、水に浸かり過ぎては、重くて水車が回らないため、田んぼに水を上げることも出来ません。水車が水車として役目を果たすためには、空中と水中の両方に場所を占めていることが必要なわけです。

ここで、小原國芳の教師論に戻りましょう。前述したように、小原國芳は「教師は水車たれ！」と説いています。教師を水車に、生徒たちを水に例えて、先に見た三つの教育的関係を見てみたらどうなるでしょうか。第一の権力関係においては、教師は、水という生徒たちから完全に離れた上方で、グルグル回っている風車でしかありません。また第二の平等関係においては、水という生徒たちの中に潜ってしまって、動きのとれなくなった物体でしかないでしょう。つまり、両者ともに、水という生徒たちを引き上げて、教育することは出来ないのです。水という子どもたちの中に身を置きながらも、同時に常に空中にその姿を出していることによってこそ、水を田んぼに引き上げるがことが可能になるのです。その意味では、第三の教育的関係こそが、正しい水車と水の関係でありうるようです。

このような水車として、水である子どもたちをうまく引き上げて行くことのできる教師を、小原國芳は子どもたちとの間に望ましい関係を築いている教師としてとらえ、「教師は水車たれ！」と諭《さと》したように思われます。

## 29　子どもの心に火をつける教師に！

### ――「理想の教師像とは」と問われて――

「名選手、必ずしも名監督にあらず」と言われますが、教育の世界においても、大学在学中、学業成績のよかった学生が、必ずしも将来いい先生になれるとは限らないようです。小学校時代からずっと成績優秀だった人は、勉強のできない子どもの気持ちがわからない、子どもと一緒に泥んこになって遊ぶことが出来ない、というようなことが往々にしてあるのです。

近年の教員採用試験では、ペーパーテストだけではなく、小論文や面接にも重きが置かれ、「模擬授業」なども取り入れられるようになってきました。教育にとって重要な、子どもに対する理解力や指導力は、学業成績だけでは判断できませんから、面接や模擬授業で教員としての資質、特に実践力を評価しているのです。教育の向上のためには、いろいろな面からの努力や援助が必要でしょうが、教師自身の質向上は、やはり最も重要な課題ではないかと思われます。では、教師にはどのようなことが望まれているのでしょうか。

その答えになるものの一つとして、出典がハッキリしませんが、次のような言葉を読んだことがあります。「凡庸な教師はただしゃべり、良い教師は説明する。偉大な教師は子どもの心に火をつける」と。偉大な教師とは、ただ単に子どもに物事を理解させようとして説明するだけではなく、「子どもの心に火をつける」先生、言い換えれば、子どもに「やる気」を起こさせる先生だと思います。

では、子どもの心に火をつける、子どもにやる気を起こさせる先生とは、どんな教師なのでしょうか、私が日頃考えていることを挙げてみます。

（1）知識を与えるだけではなく、子どもと一緒になって学び、学問的驚きを共有できる教師。

（2）既存の教材をただ使うだけではなく、創意工夫が出来る教師。

（3）人生の喜びも悲しみも知っていて、いろいろな環境に居る子どもの気持ちを理解できる〝人間通〟な教師。

（4）子ども一人ひとりの個性や特長を見つけて、それを生かしていける教師。
（5）傲慢にならず、謙虚な教師。
このような先生が、私が描く理想の教師像です。理想が高すぎると言われるかもしれませんが、教師は教育のプロなのですから、どうかプロ意識を持って、弛《たゆ》まぬ努力をしていって欲しいと思います。

周知のように、「デモ・シカ教師」という言葉があります。これは、第二次世界大戦直後の日本教育界では、「教師にデモなろうか！　教師にシカなれない！」という消極的な意味合いで使用されていましたが、違った意味合いで使用されれば、現在でも十分に通用する言葉であるように思います。つまり、「自分はこれデモ教師なのか？　自分はこれシカ出来ないのか?」と、常に自分に向かって問いながら、向上していこうとする教師も、「デモ・シカ教師」と言えるでしょう。ドイツの教育学者であったディースターヴェークはこう言っています。「進みつつある教師のみ、他人を教える権利あり」と。言うまでもなく、教員採用試験合格が、教師のゴールではないのです。

冒頭で言及した模擬授業では、子どもが好きか？　ユーモアのセンスはあるか？　どんな体験を有しているか？　知識の内容だけでなく、それをわかりやすく説明して理解させる技を持っているか？　といった観点から、教師としての力量が備わっているかを見られます。教師はただ子どもたちに情報を伝えるだけの職業ではありません。教師の授業の進め方ひとつ、話し方ひとつで、子どもの興味の持ち方はまるで違ってくるのです。

ご存知のように、四国に「予讃線」というJRの路線があります。これを教えるのに、「愛媛県と香川県を結ぶ鉄道を予讃線といいます」と説明したところで、子どもにとっては、面白くも何ともありません。こういうケースでは、例えば、「愛媛県と香川県を結ぶ鉄道を予讃線と言うが、何故そういう名前が付いたんだろうね？」と一緒に考えることが大切だろうと思います。「愛媛県は何が有名かな？」と問えば、子どもたちから「みかん」という声が返ってきます。「愛媛のみかんのことを何と呼んでるかな？」と問えば、「ポンジュース」だったり、「おばあちゃんが送ってくれたけど、『伊予柑』って言っていた」という子も出てきます。そこで「愛媛県」は江戸時代には「伊予」の国だったことをわからせれば、歴史の勉強にもなります。

「それじゃ、香川県の昔の名前は何だったんだろう？」という質問も出てきます。そこで、香川県は「うどん」が有名であることに気付かせると、「『讃岐うどん』があるから、讃岐かな」ということになります。「そう、香川県は江戸時代には『讃岐』の国と言われていたんだ。だから伊予と讃岐を結ぶ鉄道だから、それぞれから一字ずつ取って、予讃線になったんだね。」「じゃ、愛媛県と高知県を結ぶ鉄道の名前は何って言うんだろう?」さらに「香川県と高知県を結ぶ鉄道の名前は何なのかな?」と、子どもたちの興味は広がっていきます。子どもの心に火をつけ、興味を持たせれば、自分たちで調べて学んでいくことになり、地理と歴史が結びついて行くことにもなるわけです。

子どもに興味を持たせる授業をするには、教科書に載っていることを教えるだけではもちろん足りません。教師がいろいろな体験をしておくことが大事です。実際に見たこと、聴いたこと、こんな楽しいこと、あんな失敗・・・。そういう話を加えてこそ、子どもたちを授業に引き付けることが出来ると思います。子どもにやる気を起こさせ、その目を生き生きと輝かせることが可能となるのです。しかしそうはいっても、体験には限度があるでしょうから、教師希望の人には、歴史小説や紀行文等々、たくさんの本を読んで欲しいと思います。

# 30 「子どもから」の保育を！

## ――時代は移っても変わらないもの――

情報化社会の進展に伴い、子どもたちもＩＴ機器や様々な情報を活用する能力を身に付けることが必要になってきています。また、親の所得格差が子どもの教育格差を生むなど、子どもを取り巻く社会情勢は大きく変化してきています。時代の流れの中で、幼児教育も変わっていかねばならないのかもしれません。しかしそこには、変わるべきものと、変わるべきでないものがあると思います。変わらないものとして、保育の対象となる子ども像、その保育方法、そして保育者の対応という三点を考えてみたいと思います。

先ず、これから長い人生を生きていく子どもたちにとって何が必要なのか、どういう人間に成長して欲しいのか、という点から考察を始めたいと思います。

以前私が勤務していた大学で、二年次の学年研修として就職ガイダンスをやっておりましたが、ある大手企業の人事部長さんにおいで頂いた際、「会社が望んでいる人間とはどのような人間なのか」という話を聴きました。その部長さんは、ずばり「会社が求めている人間とはＶＳＯＰを持っている人間だ」と言われました。ＶＳＯＰと聞くと、高級なブランデーを思い浮かべる方がおられると思いますが、もちろんここでは、高級ブランデー嗜好の人間のことを言っているわけではありません。

ＶとはVitality、つまり体力、気力ともに充実していること、ＳとはSpeciality、つまり専門性であり、その人ならではの得意な分野を持っていること、ＯとはOriginality、つまり独創性、独自性を有していること、そして最後のＰとは、Personalityであり、人間性の豊かさということだそうです。一見言葉のこじつけのようでもありますが、さすが一流企業の人事部長ともなるとうまいこと言われるな、と思いました。しかしよく考えてみれば、これらのことは、決して会社に属する人間にだけ求められるものではなく、社会の一員として生活していく全ての人間にとって重要なことであり、幼児教育においてもまた、これらの点をきちんと把えておく必要がありそうです。

それでは、幼児教育におけるＶＳＯＰを、私なりに考えてみたいと思います。一番目の体力や気力の充実ですが、これは人間存在の基礎であり、幼児教育にあっても一番の基本だと思います。テレビのコマーシャルで、かって「わんぱくでもいい、たくましく育って欲しい！」というのがありましたが、これは親も幼児教育者も一番に望むところではないでしょうか。周知のように、現在の日本の「幼稚園教育要領」の中でも「健康」という領域が定められていますが、だから保育の場で子どもの体力に気を使わねばならないという訳ではなく、人間が生きていく出発点にあって特に体力が重要だからこそ「幼稚園教育要領」の中でもそのように定められている、と解すべきでありましょう。

二番目の「専門性」ですが、これは大人の場合にいう専門とは違います。その子なりの持ち味、あるいはその子の得意なもの、と言えるのではないかと思います。自分なりの得意なものを持つことで、子どもは自分に自信を持つことも出来るようになると思われます。もちろん、子ども本人が自覚していなくても、保育の場で子どもの思いがけない持ち味に気付かされることは多くあるようです。以下に紹介するのは、私の同僚で保育学が専門の藤樫道也先生から聞いた話ですが、子どもの発想の素晴らしさに驚いてしまいました。

幼稚園では、芋掘りに行くと、後でよく絵を描かせるものですが、藤樫先生が時々手伝いに行っておられる実家の幼稚園でも、秋のある日それをされたのだそうです。多くの子どもたちは、画用紙に空と地面の境の線を引き、人が立ったり、座ったりして芋を掘っている様子を、側面から見た状態で描いていたそうですが、そんな中、ふとある男の子を見ると、こげ茶色のクレヨンを持って紙の表の面をその色一色で塗りつぶしていたというのです。そんな子を見たら普通は「ずぼらな子だな！」と思いがちですが、担任の先生は、何かワケがあるに違いないと思って、「○○ちゃん、お芋は何処なのかな?」と尋ねられたそうです。するとその子は「先生、ここだよ！」と言って、画用紙をひっくり返して裏面を見せたというのです。何とそこには大きな芋が描いてあったそうです。地面の中の芋は地上からは見えません。そこで、芋の上に色を塗ろうとしたのですが、それでは芋がなくなってしまうので、その子は芋を描いた面を裏にし、画用紙の表の面を地面とみたてて、こげ茶色のクレヨンで塗りつぶしていたのでした。

絵は画用紙の表の面を使って描くもの、裏面は自分の名前を書くもの、そのような大人が持っている常識を破って、画用紙の裏面をも使い、画用紙の表裏を利用して地上と地中にわけ、立体的に捉えたこの子の発想には感動さえ覚えます。

三番目の独創性、独自性ですが、これは右記のお絵かきにも見られるものではありますが、ここでは自己主張と言い換えてみたいと思います。他人の真似ではなく、自分なりの意見を持つということです。勿論、独りよがりであったり、明らかに間違っている時はきちんと訂正してやることが必要でしょう。しかし、自分で考え、自分で判断できる子どもに育ててやることは大事なことですので、そういう意味で、我が儘を言ったり、反抗したりする子どもをうるさく思うのではなく、自己主張できる子どもになるための一つのステップを踏んでいると捉え、先ずは意見をきちんと聞いてやることが大切だと思われます。

私の大学時代の恩師の一人である伏見猛弥教授は、その著書『児童の半世紀』の中で、「我儘」について次のように述べています。「従来の教育にあっては『我儘』は常に処罰の対象となっていた。『我儘』が処罰されたら、どうして意志の強固な人間が出来るだろうか。同じように子供には往々『悪賢さ』とか、『狡猾さ』とか呼ばれる性質があって、これも悪徳として抑圧されていたのである。併し、子供時代にこの『悪賢さ』や『狡猾さ』を持たないような人間は、大人になってから、決して賢明な人間とは呼ばれないであろう。かく考えて来ると、子供は決してその『過失』の故に、処罰さるべきではないのである。人間にとって『過失』と思われるものも、神の眼から見れば、それは完全なるものに至る一つの踏台に過ぎないであろう」と。このような考え方もあるのかと、学生時代に衝撃を受け、その後、私自身も子どもの「我儘」についての見方が変わったように感じています。

最後に人間性の豊かさということですが、これはまた人間としての頭と心の柔軟さとも言えるでしょう。他の子どもたちと一緒に行動する中で、いろいろな物の見方・考え方をする友だちがいることを知ったり、時には友だちと喧嘩をして苦い思いを味わったりすることで、他人の心の痛みもわかるようになることでしょう。自分さえよければ他の人はどうなってもいい、というような狭い心ではなく、他人の立場に立って考え、思いやる広い心を持った子どもに育てていくことが必要だろうと思います。

では、このようなVSOP的人間としての子どもを育てていこうとする保育にとって、何が有効な手段となるのでしょうか。それはやはり、「遊び」以外にはないだろうと思います。かく言えば読者から「うちの子どもは、すでに遊んでいます」とか「うちの幼稚園でも、子どもは遊んでいます」という声が聞こえてきそうですが、大切なのは、子どもが「全身全霊を込めて」遊ぶということなのです。

周知のように、「保育の道は主として遊びである」と述べ、子どもの「全身全霊を込めて」の遊びによる保育を主張し、かつ実践したのが、世界で最初の「幼稚園」(Kindergarten)を創立したフレーベルでした。フレーベルはその著書『人の教育』において、「遊び」を幼児期における「児童の最も純粋な精神的生産」と見ています。フレーベルの考えでは、遊びは、どこまでも子どもの内から出た自己活動なのであり、他の者から命令されたり、強制された活動ではありません。だからこそ、子どもにとって遊びとは楽しい活動になるわけですし、遊んでいる時は、その目も生き生きと輝いているわけです。

それでは、ＶＳＯＰが遊びを通してどのように養われるのかを、具体的に見てみたいと思います。先ずＶの「バイタリティー」(体力・気力)ですが、これは身体を大きく動かす遊びと深く関わっています。幼稚園の庭に限らず、われわれは公園や遊び場で走り回っている子どもたちをよく見かけますが、子どもたちは疲れを知らないかのようです。実際にはエネルギーの消耗は大変なものでしょうが、その繰り返しの中でバイタリティーも養われていくわけです。

次にＳの「スペシャリティー」(得意性)ですが、先に紹介した芋掘りの絵のようなユニークな発想は天性のものかもしれません。子どもの素晴らしい持ち味を、大人の常識で潰してしまわないよう、注意が必要でしょう。幼児教育の現場に詳しい前出の藤樫先生に聞いたところによれば、遊びが特に技術的なもの、例えば縄跳びとか、独楽回しとか、綾とりなどのように、出来なかったことが練習することによってだんだん出来るようになっていく要素を含む遊びというものは、子どもがどんどんチャレンジして練習し、それをマスターしていくそうです。練習すればうまくなり、うまくなれば自信もつく、自信を持って練習すればますます上達していくというように、自分の得意なものを育てていくのにも、遊びは最適なのです。

Oの「オリジナリティー」(独創性)もまた、遊びの中で自然に培われていくようです。というのは、遊びにおいては想像と工夫が必要になるからです。積み木一つ見ても、それが子どもの「ごっこ遊び」の道具になれば、ケーキになったり、自動車になったりしますし、構成遊びになれば、机や椅子、また家へと組み立てられていくのです。一本の綱だって、それが結ばれて子どもたちが中に入れば電車となり、また谷川にかかる橋になったりもするわけです。他人の真似ではなく、自分独自の遊び方を編み出していく子どもを大事に見守りたいものです。もちろん、自己主張が強過ぎて他の子どもといさかいを起こすような場合は、保育者の適切な指導が必要となることは言うまでもありません。

Pの「パーソナリティー」(人間性)にいたっては、家庭における兄弟の数が減ってきている今日、幼稚園や公共の広場における複数の子どもたちによる遊びは、特に有効なものとなってきています。最初は喧嘩したりしていても、子どもたちは遊びを通してやがて、相手の立場に立って考えることも出来るようになり、協力することの大切さも体得していくのです。

このように、子どもたちは遊びを通して、また遊びの中で学んでいくわけです。だからこそ、幼児教育の場はどこまでも「子どもの遊び場」でなければならないし、保育者はどこまでも、子どもが全身全霊を込めて遊べる時間や空間の提供者、守護者、また同時に遊びの誘導者でなければならないのだと思います。

「保育」という言葉には、子どもの有する素晴らしい感性や能力を大切に保護し、育てていこうとする意味があって、私は非常に好きなのですが、最近は幼稚園教諭を養成する短大あたりでも、保育科ではなく、多くのところで幼児教育科となっているようです。また、幼稚園で働く先生のことを「教諭」と呼ぶところから、ただ子どもが遊ぶのを手助けするより、何か教えることの方が優れているというような錯覚があるように思えて仕方ありません。私は、幼稚園の教諭といえども、どこまでも保育者なんだということを自覚し、「子どもが主体である」ということを肝に銘じることが必要ではないか、と考えています。

親や保育者は、子どもが主体的に伸びて行くのを見守り、正しい形で援助していくことが肝要なのです。幼児期の教育を、ルソーが「消極教育」と呼び、フレーベルが「受動的教育」と呼んだのも、そのことを言いたかったためだと思われます。

もう二〇年以上も前のことになりますが、我が家には、幼い三人の男の子、団子三兄弟が居りました。長男が四歳となり、翌年四月から幼稚園の年中組に通う年齢になると、いろいろな幼稚園から夏祭のお誘いのハガキや入園案内のパンフレットが届くようになりました。私としては「字の読み書きなんかは教えてもらわなくてもいいから、存分に遊ばせてもらえる幼稚園がいい」、また「何よりも子どもの気に入った幼稚園がいい」と考えていましたので、時間を見つけては幾つかの幼稚園を、長男と一緒に見学に行きました。

大学附属の幼稚園、可愛い制服の幼稚園、コンピューターまでやらせてくれるという幼稚園等々、四、五か所回りましたが長男はあまり反応を示しませんでした。Y幼稚園に行ったところ、園庭では子どもたちが、年恰好三五歳ぐらいの男の先生と一緒に元気に追いかけっこしたり、また園庭の隅の砂場では大声ではしゃぎながら、泥んこになって遊んだりしていました。「僕、ここがいい!」、長男のこの一言で、ここの幼稚園の願書をもらうことになりました。

入園試験の面接には、私も時間が取れましたので愚妻と一緒に出掛けました。子どもを同席させない、親だけの先生方との面接もありました。長男と幼稚園を見学に来た時、園庭で子どもたちと一緒に元気に追いかけっこしていた先生は、なんと園長先生でした。「うちの園では喧嘩もしますが・・・」、「おおいに結構なことだと思います。生命の危険さえなければ・・・」、そのようなやり取りをしたように記憶しています。

入園を許され、長男は喜んでY幼稚園へ通園するようになりました。外で動き回るのが、特に好きなようでした。砂場で遊ぶ時は「泥んこパンツ」にはき替えるとかで、とにかく存分に遊ばせてもらっているようでした。

五月の連休を控えたある日、長男と同じ四歳児たちは、先生が前もって用意して下さった画用紙で作られた鯉のぼりに、色紙（いろがみ）で切った鱗《うろこ》を糊ではりつけたものを三匹、風に泳がせながら帰って来たようです。ところが、長男の鯉のぼりだけ、色紙（いろがみ）の鱗はなかったのです。どうしたことかと愚妻は思ったようですが、家庭との連絡帳を見ようと長男の園カバンを開けてみると、そこにはナイロン袋に入った色紙の鱗とともに、担任の先生の手紙が入っていたとのこと。

そこには「今日は外遊びが終わった後で、年中組では、鯉のぼりの鱗貼りの工作を致しました。お子さんは他のお友達と一緒に、もっとお外で遊びたいと言うことでしたので、無理に工作をやらせるのは止めにいたしました。色紙（いろがみ）の鱗をナイロン袋に入れておきますので、本人が鯉のぼりに鱗をはりたいと言い出しましたら、どうぞ連休中に一緒にやって頂ければと思います。なお、お子さんたちが外で遊んでいる間は、担任業務のない副園長先生が見守っていましたので、ご安心ください！」といったことが認められていました。愚妻からこの話を聴き、その手紙も読んで、私は担任の先生の配慮に感心させられました。

世間には、「子ども中心の保育」と言いながら、親の顔色をいつも伺って、何か親の喜ぶような目に見える成果を挙げなければ、と躍起になっている幼稚園もないわけではありません。「Y幼稚園に通わせてよかった！」、私はしみじみとそう思いました。

その長男も翌年の四月からは五歳の年長組となり、次男が三歳児の年少組にお世話になることになりました。五月の連休を控えたある日、次男の年少組でも鯉のぼりを作ることになったようですが、三歳児のクラスでしたので、四歳児の年中組のように色紙（いろがみ）の鱗を糊で貼るのではなく、スタンプのようにして、芋判で鱗を押して鯉のぼりを完成させたのだそうです。次男は「お外で遊ぼう！」と先生が言っても、芋判で押す鱗に興味を示し、「もう少しやりたい！」と言ってきかなかったらしく、何と他の子どもたちより多く、五匹の鯉を泳がせながら帰ってきました。前年の長男のことがあっただけに、家では大笑いしましたが、前年に引き続き、担任の先生の配慮には頭が下がる思いでした。

義務教育の前段階ということもありますが、やりたくない子には無理にやらせず、やりたい子には決められた数より、無理のない範囲で、少し多くなってもやらせて下さった先生方。一人ひとりを大切に扱い、子どもの自己活動を十分に発揮させてくださったY幼稚園に対し、私は個人的に感謝せずにいられません。Y幼稚園は、殊さらVSOP的保育を標榜していたわけではありませんが、児童中心主義の教育がモットーとした「子どもから」の保育をここに見る思いでいます。こんな幼稚園がもっと増えたらいいな、と思っています。

# おわりに

ここまで、お読みくださった読者の方々にお礼申し上げます。この本に載せました随想は、「はじめに」においても書きましたように、一九八〇年代の終わりから今日に至る長い期間の中で、私が執筆依頼を受けて様々な雑誌に寄稿したり、自分のノートに自由に書き記したりしたものの中から、三〇篇を選び出したものです。結果的には、平成時代に執筆した、私の「教育随想集」になりました。

寄稿した随想一つひとつの初出雑誌名、刊行年月については省略したいと思いますが、原稿執筆依頼を受けて主に寄稿したのは、（1）将来教員になることを目指して通信教育で学ぶ学生のために、玉川大学通信教育部から毎月刊行されている『玉川通信』、（2）玉川学園幼稚部、小学部、中学部、高等部のご父兄宛に、父母会事務局から毎年秋に刊行されている『夢の丘』、（3）海外の日本語学校の先生方のために、玉川学園国際教育室から毎年春に刊行されていた『プエンテ』という機関誌でした。その他にも、小学館から刊行された『教員採用試験完全突破ガイド』、キュックリヒ記念財団から刊行されている『乳幼児教育』等がありました。

よって、教育随想を読んでもらう対象は、教員養成機関で学んでいる学生さん、お子さんをお持ちの親御さん、教育の現場で働いている先生方等々、多岐にわたっていました。依頼原稿を執筆する際には、自分がその時考えていたことをまとめながら、それまで学んだこと、それまで読んだ本の内容等々を振り返ることが出来、自分自身にとってもいい勉強になりました。執筆の機会を与えて下さいました関係諸機関に対して、この場をお借りしてお礼申しあげます。

執筆にあたって参考にさせて頂いた書籍は多々ありますが、本文中にその書名を挙げたものについて、ここに改めて記し、感謝の意を表したいと思います。

・相田みつを『にんげんだもの』文化出版局、一九八四年
・鰺坂二夫『教育原論』玉川大学出版部、一九七六年
・池田潔『自由と規律』岩波新書、一九六三年
・小原國芳『母のための教育学』（『小原國芳全集 第5巻』）玉川大学出版部、一九七五年
・小原國芳『師道』玉川大学出版部、一九七四年
・高山岩男『場所的論理と呼応の原理』創文社、一九七六年
・子安美知子『ミュンヘンの小学生―娘が学んだシュタイナー学校―』中公新書、一九七五年
・佐々木正美「思春期の精神保健」（小原哲郎編『思春期の教育』玉川大学出版部、一九九一年所収）
・佐々木正美『抱きしめよう、わが子のぜんぶ』大和出版、二〇〇六年
・広中平祐『学問の発見』佼成出版社、一九八二年
・伏見猛弥『児童の半世紀』明治図書出版、一九五一年
・三井浩『愛の場所―教育哲学序説―』玉川大学出版部、一九七四年
・五嶋節『「天才」の育て方』講談社現代新書、二〇〇七年

・義家弘介『不良少年の夢』光文社、二〇〇三年
・ボルノー、森昭・岡田渥美訳『教育を支えるもの』黎明書房、一九七一年
・ボルノー、石橋哲成訳『思索と生涯を語る』玉川大学出版部、一九九一年
・フレーベル、小原國芳訳『人の教育』（小原國芳・荘司雅子監修『フレーベル全集第二巻』玉川大学出版部、一九七六年所収）
・モンテッソーリ、K・ルーメル・江島正子共訳『モンテッソーリの教育法・基礎理論』エンデルレ書店、一九八三年
・ペスタロッチー、前原寿・石橋哲成共訳『ゲルトルート教育法・シュタンツ便り』玉川大学出版部、一九八七年
・サン＝テグジュペリ、内藤濯訳『星の王子さま』岩波書店、一九五三年
・シャッツマン、岸田秀訳『魂の殺害者―教育における愛という名の迫害―』草思社、一九七五年
なお、右記の本以外でも、「生命尊重ニュース」、「朝日新聞」、「読売新聞」、「日本経済

新聞」等々、いろいろな雑誌や新聞において、折々の教育問題を取り上げたものを参考にさせていただきました。併せてお礼申し上げます。

二〇一九年四月三〇日　平成最後の日に

著者記す

●カバーデザイン　本田いく

## 著者紹介


石橋哲成　Tetsunari　ISHIBASHI

1948年福岡県柳川の生まれ。1970年玉川大学文学部教育学科卒業。1年間小原國芳学長の随行秘書を務めた後、更に玉川大学大学院文学研究科（教育学専攻博士課程）、並びにドイツ・テュービンゲン大学に学ぶ。帰国後、母校玉川大学講師、助教授、教授として教壇に立つ。2013年3月、玉川大学を定年退職。現在は、玉川大学名誉教授、田園調布学園大学大学院教授。

著書に『ヨーロッパ教育史紀行』（単著、玉川大学出版部）、『教師論』（共著、玉川大学出版部）、『ペスタロッチー・フレーベルと日本の近代教育』（共著、玉川大学出版部）、『教育原理』（編著、一藝社）、『保育原理』（編著、一藝社）、『西洋教育史（新訂版）』（編著、玉川大学出版部）等がある。

**こんな子育ていいな！——先人の思想と日常の実践例に学ぶ——**

2019年10月30日　初版第１刷発行

著　者　石橋　哲成

発行者　菊池　公男

発行所　株式会社 一 藝 社
〒160-0014 東京都新宿区内藤町１－６
TEL 03-5312-8890
FAX 03-5312-8895
振替　東京 00180-5-350802
E-mail : info@ichigeisha.co.jp
HP : http://www.ichigeisha.co.jp

印刷・製本　モリモト印刷株式会社



ISBN978-4-86359-197-4 C1037
乱丁・落丁本はお取り替えいたします